TAIRE
1890

BIBLIOTHÈQUE
DE L'ÉCHO DE LA SORBONNE
PARIS, 7, RUE GUÉNÉGAUD

# COURS DE STÉNOGRAPHIE

À L'USAGE DES ÉLÈVES DES LYCÉES, COLLÈGES, PENSIONNATS DE JEUNES GARÇONS OU DE JEUNES FILLES, AINSI QUE DE TOUTES LES PERSONNES QUI, AUX COURS, CONFÉRENCES, RÉUNIONS PUBLIQUES, ETC., VEULENT SUIVRE LA PAROLE DES ORATEURS.

PAR

E. P. GUÉNIN
STÉNOGRAPHE

F. MÉAULLE SC.

# STÉNOGRAPHIE

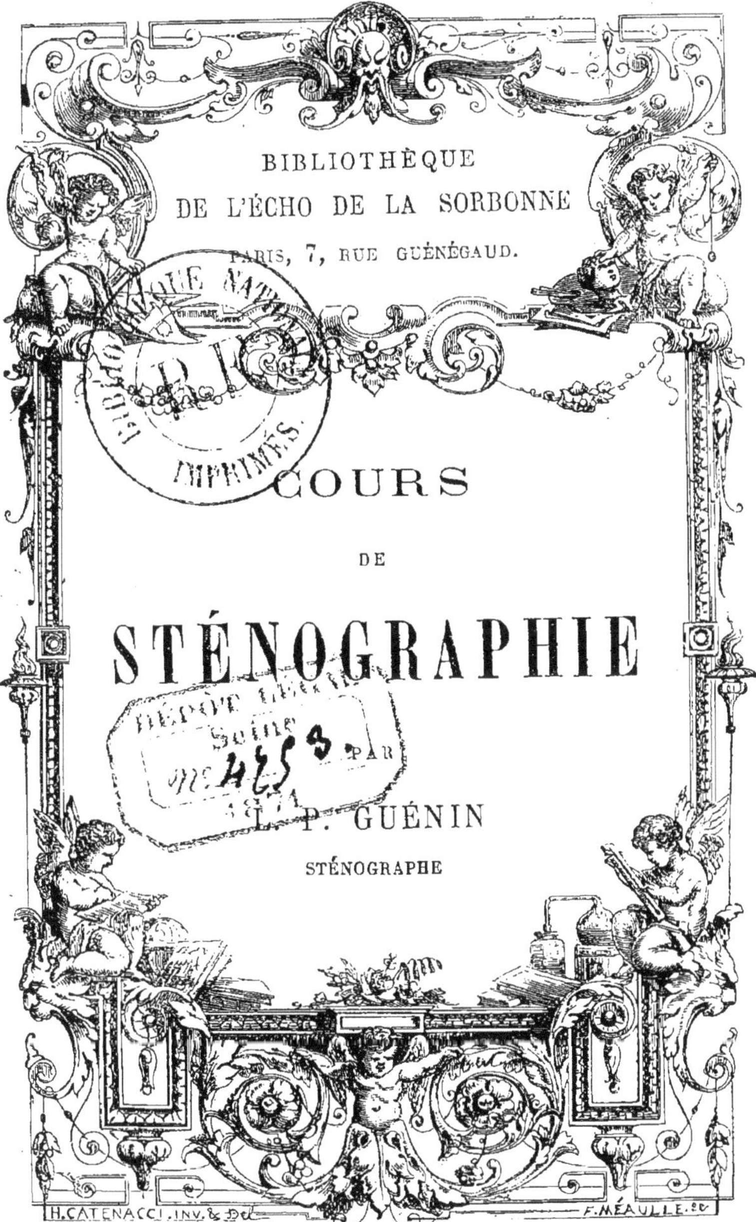


BIBLIOTHÈQUE
DE L'ÉCHO DE LA SORBONNE
PARIS, 7, RUE GUÉNÉGAUD.

# COURS
DE
# STÉNOGRAPHIE

PAR

L. P. GUÉNIN
STÉNOGRAPHE

BIBLIOTHÈQUE NATIONALE
IMPRIMÉS
DÉPÔT LÉGAL
Seine
N° 4253
1874

# COURS

# DE STÉNOGRAPHIE

## I

### UTILITÉ DE LA STÉNOGRAPHIE.

Avantages que la sténographie présente sur l'écriture usuelle. — Les inventeurs de méthodes. — Ce qui se passe en Allemagne et en Angleterre. — Opinion de l'Académie des sciences sur l'écriture abréviative. — Pourquoi l'usage de la sténographie est peu répandu.

On a souvent, en France, la prétention de devancer les autres peuples dans la carrière des lettres et des sciences, de même que dans le domaine politique ou moral. C'est là une erreur, dont nous devons nous guérir, et rien ne le prouve mieux que l'art dont nous nous occupons.

Sur quelques milliers de lectrices et de lecteurs que nous pourrons avoir, combien savent ce qu'est la sténographie, quels en sont les éléments nécessaires, et par quels procédés elle atteint la rapidité de la parole? Nous répondons, sans crainte de nous tromper, et nous le regrettons, un sur mille à peine. Pourquoi? Parce que, il faut bien le reconnaître, nous sommes de tous les peuples le plus routinier peut-être, que nos pères se sont servis de l'écriture usuelle pendant des siècles, que nous faisons comme eux, et que, sans plus de motifs, les générations futures nous imiteront.

En Angleterre, en Allemagne, la sténographie est connue, appréciée des classes lettrées, et enseignée publiquement dans les colléges, dans les universités. En France, divers praticiens ont tenté d'introduire les méthodes abréviatives dans l'enseignement, ils se sont toujours heurtés contre la routine qui leur a répondu : les élèves s'en sont bien passés jusqu'à présent, il s'en passeront bien encore; et ils ont pu se rappeler ces paroles de Rousseau : « Certains hommes, sans discuter l'avantage des signes, s'en tiennent à ceux qu'ils trouvent établis et préfèrent une mauvaise manière de savoir à une meilleure manière d'apprendre. »

Un sténographe des plus éminents, réviseur au corps législatif, a lutté longtemps pour faire adopter cet enseignement; il est mort sans y être parvenu. Cet homme, au talent de qui nous rendons respectueusement hommage, était M. A. Grosselin.

A notre tour, suivant la voie ainsi tracée, nous avons tenté l'épreuve, et à une demande de créer un cours dans un lycée de Paris, le ministére a répondu :

Paris, 11 novembre 1859.

Monsieur vous demandez l'autorisation d'ouvrir, au lycée Bonaparte, un cours gratuit de sténographie en faveur des élèves de troisième, seconde et rhétorique. Ces classes étant déjà surchargées de travail, il m'est impossible, à mon grand regret, de profiter de votre offre obligeante, dont je vous remercie néanmoins.

Recevez, etc.

Tout en reconnaissant la bienveillante politesse du rédacteur de cette lettre ministérielle, nous répondrons ceci :

Quel que soit le programme d'études imposé aux élèves, vous devez, — et plus le programme est chargé, plus cela est nécessaire, — vous devez leur faciliter l'étude de la sténographie, et voici pourquoi : l'art abréviatif est simple, composé de peu de règles d'une application facile ; en quelques mois les personnes qui y consacrent seulement une heure par jour peuvent en faire usage, et les avantages qu'elles en retirent compensent largement la perte de temps peu considérable consacré aux débuts. Voici d'ailleurs ce qui a lieu :

D'abord l'élève considère comme un amusement cet assemblage de signes qui paraissent incompréhensibles au premier abord, et il prend des notes, incomplètes je le veux bien, tronquées, difformes même, je le reconnais, mais il prend des notes, et n'est-ce pas déjà quelque chose que de l'amener à écouter le professeur? Combien de ces derniers, et des plus distingués, se plaignent de l'indifférence de leur auditoire! Combien d'autres, dont la parole diffuse et monotone, desservant un talent incontestable, éloigne des auditeurs qui seraient restés fidèles à leurs cours s'ils avaient eu à leur service une écriture attrayante, ne leur laissant pas le temps de remarquer cette diffusion, cette monotonie! Donc, premier avantage, l'élève prend des notes. Mais ce même élève, qui écrit si mal aujourd'hui, qui ne *prend* pas une phrase sur dix prononcées par le maître, qui trace des monogrammes d'une forme et d'une dimension invraisemblables, et dont vous riez peut-être, laissez-le pratiquer pendant quelques mois, et vous serez étonné du résultat acquis.

Peu à peu l'hésitation dans le choix des signes disparaîtra, les phrases se compléteront dans sa copie, les mots se traceront plus régulièrement, et vous le verrez un jour reproduire textuellement un passage saillant de sa leçon. Celui-là, fût-il moins intelligent que d'autres, fera de meilleures études qu'eux, grâce à un art que vous ne connaissez pas et que vous dédaignez.

Mais, me répondrez-vous, il y a tant de méthodes, tant d'auteurs qui ont, les uns la prétention de former des sténographes en quinze jours, les autres celle de les initier à cet art en deux minutes, M. Montigny par exemple, dans le traité duquel on dit : « En moins de trente secondes, M. le directeur général de l'instruction publique avait compris tout le système de la langue exacte. Je lui demandais sept minutes, mais j'eus à peine commencé ma démonstration que ma conception parut être la sienne propre. »

Des essais de toutes ces méthodes ont été faits, nous sommes bien désillusionnés et nous n'avons nullement la tentation de recommencer.

Nous avons vu des hommes qui nous ont dit, l'un : « Ma sténographie » à moi, que je proclame hautement et en Français — je ne dis pas qu'il soit bon — la meilleure de toutes, la seule bonne, la seule qui permette à des jeunes gens, en trois mois, en trois mois sans plus, vous entendez, — de suivre la parole de tout orateur et d'écrire vingt, vingt-cinq, trente lignes à la minute, — j'ajouterai quarante, si un confrère en assure trente à ses élèves, je n'y regarde pas de si près — « ma sténographie, dite l'abréviation de l'abréviation, » résumée en un seul alphabet, une fois apprise ne peut s'oublier, et vu son unité, s'applique avec un égal succès à toutes les langues, à toutes les nations du globe ; elle n'attend plus sa consécration ; elle a reçu, sur des faits incontestables, les approbations des Universités de France et de l'Étranger, des sociétés savantes de l'Europe, de la presse, des ministres, maréchaux, généraux, de l'archevêque de Paris, etc. »

« Les élèves de «ma sténographie » sont dans toutes les parties du monde pour traduire et répandre cet art merveilleux, qui, sans cesser d'être clair et lisible, permet d'écrire, ainsi qu'il a été dit, *jusqu'à trente lignes à la minute !* »

« L'instruction publique, les palais législatifs et judiciaires, la presse, *les sourds-muets et aveugles ; la télégraphie électrique*, enfin les gens du monde, *chez tous les peuples*, dans le présent et l'avenir, vu l'unité de la méthode et du système, retireront les plus grands avantages, les fruits précieux de ce nouveau et immense progrès ! »

— L'autre :

« Ma méthode est la meilleure de toutes » (toujours!...), « car je suis arrivé à rendre, par les signes que trace la plume, *les formes en profil* que produisent les organes de la parole, en émettant les sons et les articulations. Mon écriture nouvelle, amenée à ce point, peut-être comparée *à une danse dont la parole est la musique.* »

— Un troisième, c'est sans doute un Allemand, à en juger par sa prose :

« Nous sommes tellement convaincu que toute autre méthode que la nôtre est fausse, incomplète, ne peut se concevoir, s'expliquer (même par ceux qui s'y croient initiés), que produire des routiniers, que, sans craindre de perdre la nôtre et de subir des humiliations, nous allons, en la publiant, déclarer publiquement, en tête de cette méthode, en offrir la propriété gratuitement à quiconque pourra nous démentir en démontrant qu'il en existe une ou plusieurs autres qui, comme elle, sont entières et logiques »!

« Autre chose est des principes qui, tels que les nôtres, naissent tous les uns des autres, et qui se démontrent en toute rigueur, de même qu'une vérité mathématique, que de ceux qui, comme dans les méthodes étrangères à la nôtre, viennent les uns après les autres et sans être unis par aucun lien, et qui, par conséquent, ne pourraient se justifier, quand bien même ils ne seraient pas erronés »!!

« *Faite pour tous les peuples*, accommodée à tous les âges, à toutes les intelligences, à tous les genres d'écriture, en chacun desquels elle conduit par le progrès le plus rapide possible au dernier degré de perfection réalisable que, seule, peut atteindre cette méthode déjà en possession de l'estime d'un nombreux public, dont cependant elle n'est encore qu'imparfaitement connue, elle ne peut manquer de jouir d'une vogue exclusive, constante, universelle »!!!

« Enfin cette œuvre *qui se voit entièrement dans la configuration et les dispositions naturelles des doigts*, qui est *une leçon vivante* d'analyse logique la plus parfaite qu'on puisse se proposer, et dont la découverte importante sous bien des rapports ajoutera assurément à l'honneur de l'esprit observateur du pays, *est l'ouvrage de Dieu même ;* l'homme n'aurait jamais pu élever ses conceptions jusque-là » !!!

Un autre encore, inventeur, outre sa méthode, d'un pupitre sténographique, prix cinq francs, *et d'un coupe-asperges*, — « cet instrument laisse intactes les pousses adjacentes, et coupe l'asperge sur le collet même de la griffe, » — honoré d'une médaille d'argent *à l'exposition régionale de Beauvais*, la plus haute récompense accordée à... la sténographie !! nous a dit : Prenez mon livre, prenez-le ! Avec ma méthode :

« 1° Après quelques heures d'étude, connaissance parfaite de l'alphabet sténographique ;

« 2° Après quelques jours de pratique, écriture sténographique plus rapide que l'écriture ordinaire ;

« 3° *Après quelques semaines* de pratique sérieuse, écriture sténographique *pouvant suivre la parole*.

« Et pour arriver plus certainement à ce résultat immense, écrivez chaque jour sous la dictée d'une personne, en vous servant de *mon pupitre sténographique*. Bientôt vous serez tout étonné de pouvoir suivre une lecture assez rapide; vous essaierez de reproduire la parole... vous vous surprendrez sténographe. »

Il nous a de plus envoyé des prospectus, dans lesquels on trouve des lettres telles que celles-ci :

1° «..... Je viens joindre mon étonnement à tous ceux qu'on vous a déjà envoyés. » (Envoyer des étonnements !!) « J'étudie deux heures votre méthode, et je me surprends sténographe! »...

2° « Il y a trois semaines que j'ai reçu votre très-excellente méthode de sténographie; *sa supériorité est incontestable.* » Boulay, *brigadier d'octroi.*

3° « Je trouve que pour ma langue (je suis Espagnol) votre sténographie est encore plus facile que pour le français. »

4° « Votre œuvre *est marquée au coin du génie*; l'on voit tout au plus, dans un siècle, une production semblable !... »

5° «... Je n'avais pas encore achevé de lire votre ouvrage *que déjà j'étais sténographe!* »

6° « Aprés avoir étudié votre sténographie pendant quelques moments de loisir que me laissait l'occupation des champs, je m'étonne de me voir sténographe, moi, pauvre berger, fils d'un laboureur. Je puis dire, grâce à vous, Monsieur, que *le berger est devenu sténographe;* ce qui était la chose des savants... »

Un autre... mais il y en a trop et il faudrait huit jours pour les citer tous.

Notre réponse à ces objections est simple :

Nous ne sommes pas inventeur breveté, honoré de médailles; nous ne prétendons pas écrire trente lignes à la minute, et apprendre la sténographie aux sourds-muets, aux aveugles, à la télégraphie électrique, à tous les peuples de la terre, comme M. Joseph Plantier, sténographe de l'État, qui s'applique sans doute le mot célèbre : « L'État c'est moi, » car il ne fait partie d'aucun corps officiel;

Nous ne cherchons nullement à reproduire les formes de face ou de profil des organes de la parole et à mêler les muses Euterpe et Terpsichore à nos travaux, comme M. Fayet, que l'Athénée des arts a médaillé du reste;

Nous ne portons un défi à personne avec la rubrique connue de certains magasins de nouveautés : « On donne un habillement complet à qui prouvera... » et nous nous gardons bien de présenter la méthode que nous pratiquons comme divine, ainsi que l'a fait pour la sienne, « précieux système, fruit de vingt années de travail, » M. Sénocq, instituteur breveté, professeur d'orthographe et de langue française, ce que prouve son style concis et limpide ;

Enfin nous affirmons bien sincèrement que nos élèves ne se surprendront pas sténographes comme ceux de M. Duployé, curé de Montigny-Arrouaise, et que jamais nous ne verrons — nous le croyons du moins — un berger, un brave gendarme, un employé d'octroi devenir sténographes-experts avec la méthode que nous enseignons, même en faisant usage d'un pupitre et d'un coupe-asperges dûment brevetés.

Nous nous bornons à publier un système dont les preuves sont faites, dont les représentants existent au corps législatif et au sénat; nous ne faisons pas de ces promesses qui ne sont qu'un leurre, car la sténographie ne se pratique pas plus en quinze jours que le français ne se parle en vingt leçons, que le piano ne s'apprend en quarante; nous savons bien « qu'autant l'étude de cet art est facile, autant la pratique en est lente, et que l'annonce d'une certaine et prompte réussite est un mensonge qui n'a fait que trop de dupes. »

L'art abréviatif est un art libéral, qui exige absolument la connaissance de la langue, des sujets traités par les orateurs que l'on veut reproduire, et qui ne peut être utile que comme complément d'études.

Mais lorsque l'esprit des élèves a été développé peu à peu dans les classes élémentaires, qu'ils approchent de l'enseignement secondaire et qu'ils étudient alors la sténographie, cette étude leur fait faire des progrès considérables, en fortifiant chez eux la mémoire et l'intelligence. C'est ce qu'a fort bien fait ressortir un auteur, M. Chauvin, tout en critiquant la tendance de certains théoriciens à affirmer que les caractères sténographiques sont plus lisibles que l'écriture usuelle :

« La lecture de la sténographie ne sera jamais aussi facile; toujours elle tiendra en éveil l'intelligence et l'imagination, surtout pour les personnes qui n'en feront pas leur occupation exclusive. Les causes en sont aisées à sentir. C'est d'abord la nature des signes que la main la plus exercée peut déformer en écrivant rapidement ; ensuite, la nécessité de consulter le sens de la phrase pour trouver l'expression représentée par un signe qui renferme plusieurs combinaisons de sons, les suppressions d'accents, de syllabes, de mots, et les autres abréviations ; enfin l'usage journalier de l'écriture ordinaire avec laquelle nous sommes en quelque sorte identifiés et dont la lecture est pour nous une opération purement mécanique. »

Nous ajouterons :

Considérez ce qui se passe chez nos voisins.

En Allemagne, des sociétés se sont formées pour la propagation de la sténographie de M. Gabelsberger, de Munich.

L'institut royal de Dresde pousse même le zèle jusqu'à vouloir apprendre l'art abréviatif aux autres peuples de l'Europe. Il a publié dans ce but divers ouvrages, dont nous ne citerons que les suivants :

*Nuova stenografia od il sistema di Gabelsberger adattato alla lingua italiana*, dal sign. Antonio Leinner, 1858 ;

*Stenography or universal Europeau shorthand (on Gabelsberger's principles), adapted to the English language*, by Alfred Geiger, 1860 ; (la prétention d'apprendre la sténographie aux Anglais qui l'ont créée et amenée au plus haut degré de perfection est originale ; )

*Sténographie française, système Gabelsberger*, 1860; ce dernier ouvrage édité à Dresde, commence ainsi:

« *Vorliegende Bearbeitung der Gabelsberger'schen stenographie für das Französische setzt, wie sich vonselbst versteht...* » et ainsi de suite, jusqu'à la fin de la brochure, sauf les exemples écrits en français et parmi lesquels on trouve : *litéraire*, *symmétrie*, *iltis*, *alentir*, *la terre se tourne* autour du soleil...

Ces fautes d'un zèle extrême ne détruisent pas le bien qui a été produit, et si la méthode Gabelsberger, faisant partie de celles dites penchées, c'est-à-dire conservant la direction de l'écriture usuelle, a des défauts qui la rendent beaucoup moins applicable au français que celle de M. Thierry Mieg de Mulhouse, — les interminables monogrammes cités à la fin du traité en sont la preuve, — il est vrai cependant que le résultat atteint est remarquable, que les Allemands lettrés font usage de la sténographie, et que son emploi dans les établissements d'instruction se généralise de plus en plus.

En Angleterre, dès 1680, cet art a été pratiqué; Locke, le célèbre philosophe, en recommandait l'étude, en prescrivant toutefois d'attendre qu'on fût très-familier avec les caractères usuels.

Un de ses amis, le savant Molineux, disait :

« Je veux que mon fils apprenne la sténographie, non pas de manière à pouvoir un jour suivre de la plume la parole d'un orateur, mais pour l'appliquer à son usage particulier. Croyez-moi, c'est une connaissance très-nécessaire aux gens de lettres et aux gens d'affaires; je regrette beaucoup de ne l'avoir point apprise, et j'en ai reconnu le mérite dans les avantages que d'autres en ont su retirer. »

Aujourd'hui elle a pris sa place dans un grand nombre d'écoles supérieures et moyennes comme branche d'instruction générale ; à Manchester, à Derby, à York, au collége de Liverpool, elle a été introduite dans toutes les classes ; des prix y sont accordés aux élèves ayant obtenu la rapidité la plus grande ; des ouvrages d'un seul système, tels que celui de M. Pitman, ont été vendus à plus de 300,000 exemplaires ; des journaux, *the Star, the Correspondent, the Examiner, the Phonographic Reporter*, y ont été publiés par l'institut de Bath en caractères sténographiques et se sont vendus par milliers de numéros ; nombre de personnes se servent de ces caractères pour la correspondance, la tenue des livres, la composition de discours, d'ouvrages, etc., abrégeant ainsi des cinq sixièmes les travaux pour lesquels l'écriture est indispensable.

Nous rappellerons enfin l'avis de l'Académie des sciences, dont les membres délégués, MM. Vandermonde, Roi et Cousin, examinant la méthode de tachygraphie de M. Coulon de Thévenot, ont formulé ainsi leur opinion :

« Tout le monde conviendra de l'utilité d'une méthode pour écrire aussi vite qu'on parle ; elle en a dans ses usages publics, pour garantir de l'infidélité inévitable des extraits dans les interrogatoires, les dépositions et les confrontations ; pour rendre un compte exact des discussions intéressantes où rien ne jette plus de lumière que les mots échappés dans la chaleur du discours ; pour ne rien perdre des leçons, des exhortations, des plaidoyers, des harangues, etc.

Elle en a dans ses usages particuliers pour épargner le temps de tous ceux qui ont beaucoup de minutes à faire ou à dicter. Que de choses n'oublie-t-on pas parce qu'on a négligé de les écrire! et combien n'en écrirait-on pas si on ne redoutait la perte du temps nécessaire pour les fixer sur le papier! Combien la chaleur de la composition n'est-elle pas ralentie par la nécessité d'attendre, pour écrire la pensée dont on est occupé, que celle qui a précédé soit transcrite? »

Nous n'insistons pas davantage sur ce point; l'utilité de la sténographie nous paraît suffisamment démontrée, et sa vulgarisation aurait été plus rapide si le public n'avait été trompé trop fréquemment par les nombreux inventeurs de méthodes dont les éléments ont été souvent recueillis de droite et de gauche pour former un tout disparate, par ces hommes qui assimilent la profession de sténographe à celle de certains spéculateurs aventureux, dont les annonces prodiguent promesses et mensonges, et auxquels tous les moyens semblent bons pour s'attirer des acheteurs.

## II

### STÉNOGRAPHIE ANTIQUE.

Art abréviatif chez les Égyptiens. — Chez les Hébreux. — Les sigles. — Les notes tironiennes. — La séméiographie à Rome. — Origine des notaires et des libraires. — Propagation du christianisme par la sténographie. — Proscription de cet art et causes de sa disparition. — Le bénédictin Trithème.

Les premiers essais d'abréviations se trouvent indiqués dans l'écriture des prêtres égyptiens. Les hiéroglyphes consistant dans la reproduction linéaire d'instruments, d'animaux, de végétaux, de meubles, d'armes, d'ustensiles, de vases, de figures, dans l'emploi de symboles, étaient fort longs à tracer et tout à fait impropres à servir de mode de notation usuelle. Ces dessins, instruments, vases ou symboles, furent remplacés dans l'écriture hiératique ou sacerdotale par leur partie la plus saillante, permettant à une personne qui en possédait la clef de lire sans difficulté les signes ainsi tracés et qu'on appelait hiérogrammes. Il en existe un spécimen sur les bordures de la table d'Isis, où l'on retrouve en abrégé divers objets figurés en totalité au centre de la table.

Dans un traité *De prima scribendi origine*, c. 18 (De l'origine de l'écriture), publié à Anvers en 1617 par Hermann Hugo, membre de la société de Jésus, celui-ci attribue aux Hébreux l'invention d'un système abréviatif, « se fondant sans doute sur ce passage du psaume 44 de David : *Lingua mea calamus scribæ velociter scribentis*, qui n'était peut-être qu'une expression allégorique, car de savants critiques ont prétendu que les abréviations dont se servaient les Hébreux sont postérieures de beaucoup, et introduites par les rabbins longtemps après la destruction de Jérusalem ; il y en a même qui les placent dans le VII$^{e}$ siècle et qui prétendent que les Juifs les avaient prises aux Arabes. »

Il est également difficile d'admettre le système indiqué par le *notariacon* des rabbins, système consistant dans la reproduction d'une ou deux lettres de chaque mot, et que l'on aurait employé de deux manières différentes, l'une consistant dans la notation de la lettre initiale et l'autre dans celle de la lettre finale.

Il suffit d'indiquer les bases de ce système pour le juger à première vue impraticable.

Diogène Laërce, qui vivait dans le II$^{e}$ siècle, nous apprend (*Vita Xenoph.* l. II, § 48) que Xénophon se servit d'une écriture rapide pour recueillir les leçons de son maître Socrate, et que la forme de ses signes a été décrite par Plutarque ; mais cette description a été recherchée infructueusement dans les ouvrages qui nous restent de cet écrivain.

Selon le même auteur, les Grecs avaient aussi « sous les noms de *tachéographes* (écrivant vite) et de *séméiographes* (écrivant par signes) des scribes qui pratiquaient l'art d'écrire aussi vite que la parole. »

Les Latins, avant l'invention des lettres minuscules, ne faisaient usage que des lettres dites onciales, d'un pouce de hauteur (de *uncia*, douzième du pied romain).

Comme écriture abréviative, ils auraient alors employé le système des sigles, consistant dans la reproduction de la première lettre de chaque mot, système qu'on a dit être fort en usage à Rome avant les notes tironiennes.

D'après Valérius Probus, chez les Romains, lorsque les notes n'étaient pas encore en usage, ceux qui étaient chargés de recueillir les discours, notamment dans le sénat, ne prenaient que les premières lettres des mots et des noms. On retrouvait aisément le sens de ces lettres singulières généralement adoptées à cette époque pour rendre l'écriture plus rapide. *Apud veteres cum usus notariorum nullus esset, scribendi facultatem, maxime in senatu qui aderant scribendo, ut celeriter comprehenderent, quædam verba, atque nomina ex communi consensu primis literis notabant, et singulæ quid significarent, in promptu erat* (Lib. de not. Rom.)

Cette affirmation nous paraît empreinte d'exagération, et on ne peut admettre ici, comme pour les systèmes hébraïques, que deux hypothèses :

Ou l'écrivain latin s'est mal rendu compte de la méthode des *sigles* et a confondu des monogrammes entiers, des signes arbitraires avec des lettres, ou il a été induit en erreur par quelque autre auteur ayant traité le même sujet, car il est inadmissible qu'un système, quel qu'il soit, puisse reproduire un discours en n'écrivant que la première ou les deux premières lettres de chaque mot. Cela est tout au plus applicable dans certaines locutions familières, dans des inscriptions connues de tous, et on ne peut accepter comme exemples les abréviations citées par un auteur : *v. s. m. votum solvit marito,— s. t. t. l. sit tibi terra levis, — l. s. p. legem servare promisit, — s. v. g. e. v. si vales gaudeo, ego valeo ;* abréviations analogues à celles usitées de nos jours : c. à. d. c'est-à-dire, — c. q. f. d. ce qu'il fallait démontrer, — d. m. p. docteur médecin de la faculté de Paris, — t. s. v. p. tournez, s'il vous plaît, etc., acceptées par tout le monde et qui, cependant, ne donneront à personne l'idée qu'on puisse écrire un discours ou un ouvrage à l'aide d'initiales, comme ce manuscrit d'un Virgile (XIIe siècle), commençant ainsi :

*Tityre t. p. r. s. t. f.*

Du reste, les historiens qui nous ont transmis les renseignements qui précèdent sur l'art abréviatif chez les anciens, ont négligé de donner la clef des systèmes dont ils ont parlé, ce qui, joint à l'absence de tout manuscrit, rend les recherches à ce sujet fort difficiles, sinon impossibles.

Paul Diacre croit que les onze cents premiers caractères destinés à une écriture rapide chez les Romains ont été inventés par Ennius. (*Vulgares notas Ennius primus mille et centum invenit..... lib. de not, lit. hom.*), et que Tullius Tiron, affranchi de Cicéron et devenu son ami, comme il résulte de sa correspondance (*Ep. fam.* liv. XVI, ep. 3), à qui on attribue souvent le mérite de cette invention, se borna à les perfectionner et à en augmenter le nombre.

De longues recherches ont été faites à diverses époques sur ces signes, et en 1747 l'alphabet tironien a été publié à Paris, librairie Guérin, en in-folio sous ce titre : *Alphabetum Tironianum, seu notas Tironis explicandi methodus*, etc., par D. P. Carpentier, qui y a ajouté divers extraits des écrivains latins, Ausone, poëte précepteur de l'empereur Gratien qui vivait en 386, Martial épigr. (208, lib. 13), Horace, Juvénal, Ovide, Manilius lib. IV, Suétone, etc., tendant à prouver que la sténographie ancienne permettait aux praticiens de suivre la parole. Son ouvrage contient de plus un vocabulaire pour faciliter la lecture des *notes*, une table de terminaisons, diverses abréviations relatives aux verbes, aux pronoms aux prépositions, aux conjonctions et aux adverbes, et 54 chartes de Louis le Débonnaire, successeur de Charlemagne, écrites en caractères tironiens, avec la traduction latine en regard.

M. Fossé, ex-sténographe au *Moniteur*, auteur d'un traité de sténographie précédé d'une étude très-intéressante sur les notes, pense que « les séméiographes étaient condamnés à un rude travail quand il fallait transcrire leurs notes, puisqu'ils conservaient à peine les premières et dernières syllabes. » et il est, selon lui, « fort douteux qu'ils fussent parvenus à une très-grande accélération. »

Nous causions un jour avec un de nos meilleurs praticiens de la difficulté que devaient éprouver les

Latins à reproduire les discours. « Vous oubliez, dit-il, que, chez les Romains, un joueur de flûte se tenait derrière l'orateur pour lui donner le ton ; que l'art de la parole était soumis à des règles nombreuses ; que les orateurs parlaient souvent dans le Forum, en plein air, et qu'ils devaient, pour se faire entendre d'une foule tumultueuse, élever la voix et accentuer les mots qu'ils prononçaient, circonstances qui donnent lieu de croire qu'avec un système atteignant seulement trois ou quatre fois la rapidité de l'écriture usuelle on pouvait suivre la parole. »

On sait que les discours de Caton et de César, prononcés au sénat au sujet de la conjuration de Catilina, ont été recueillis à l'aide des notes. Plutarque dit en effet, dans la *Vie de Caton d'Utique*, « que Cicéron avait pu recueillir sa harangue, parce qu'il avait placé dans le sénat plusieurs scribes habitués aux notes abréviatives. » Mais la lecture de ces deux discours dans Salluste inspire à tout homme habitué à la reproduction textuelle de la parole cette pensée qu'il n'a sous les yeux qu'un compte rendu analytique condensé avec soin, ce qui revient à dire que, dans des conditions défavorables, c'est-à-dire au sein d'une assemblée peu nombreuse, dans un local restreint, avec une plus grande rapidité d'élocution due à ce que l'orateur n'avait plus à forcer le volume de sa voix pour dominer les bruits de la foule, la sténographie romaine coupant les mots en trois ou quatre parties exigeant autant de levées de main était insuffisante.

Composé en grande partie de signes arbitraires.

le système des notes fut encore modifié et le nombre de ces signes augmenté sous Auguste par divers affranchis de Mécène, Philargyrus, de Samos, Fennius, Aquila, dont un particulièrement, Aquila, composa un traité sur les notes. Celles-ci furent ensuite classées en forme de dictionnaire, avec de nouvelles ampliations, par Sénèque le rhéteur et adaptées enfin à la langue chrétienne par S. Cyprien, évêque de Carthage.

L'art abréviatif fut très-cultivé à Rome sous l'empire, et « il y avait peu de personnes qui n'eussent à leur service un esclave ou quelque affranchi exercé à cet art ; Pline le Jeune en menait toujours un avec lui dans ses voyages, pour recueillir les harangues qui se prononçaient en public. » Sous le règne d'Auguste, il fut, dit-on, enseigné publiquement dans plus de trois cents écoles et l'usage en devint bientôt général. Ammien Marcellin, livre VIII, parle d'une femme qui en faisait usage ; Prudence fait connaître dans l'éloge de S. Cassien que celui-ci apprenait l'art tironien à ses élèves. Ce Cassien, maître d'école à Imola, fut martyrisé au IVe siècle sous Dèce, selon les uns, ou sous Julien l'Apostat, selon les autres. Signalé comme chrétien, il fut invité à sacrifier aux idoles ; il s'y refusa, et on chargea de le torturer ses élèves qui avaient eu souvent à se plaindre de sa sévérité ; il fut tué par eux à coups de stylets.

La sténographie fut pratiquée par Ennius, Cicéron (32e lettre à Atticus, livre XIII), Jules César (selon Ovide, qui dit en parlant de lui :

*His arcana* notis *terra pelagoque feruntur*,

Titus, qui, d'après Suétone, s'était rendu si expert

qu'il défiait ses secrétaires ; Vespasien, qui, au témoignage du même auteur, suivait sans difficulté un clerc faisant une lecture ; Didyme le grammairien, Sénèque, Varron, St. Jean Chrysostome, etc.

L'usage des « notes » fit donner à ceux qui s'en servaient le nom de *notarii*. Ces scribes, ces notaires, qui d'abord avaient été recrutés parmi les esclaves et avaient appartenu au corps de chaque ville qui les chargeait de faire des expéditions d'actes sans frais pour le peuple, eurent pour mission, dans les premiers temps de l'Église, de recueillir les actes des martyrs, et les sermons ou discours des évêques et des patriarches. On en employait simultanément plusieurs à cet effet. Il existait parmi eux, a-t-on prétendu, un système d'association ainsi conçu : trois notaires opéraient ensemble; le premier prenait les trois premiers mots, le second les trois mots suivants, le troisième les trois mots venant ensuite; puis le premier recommençait ; de sorte que chacun d'eux, n'ayant à écrire que trois mots sur neuf, y arrivait facilement.

Ce procédé, appliqué à des phrases successives, pourrait encore être usité ;mais en ce qui concerne les mots, il est difficile de croire qu'il ait été praticable.

Néanmoins la sténographie, quel que fût le système adopté par les notaires, servit puissamment à la propagation du christianisme, en permettant de répandre les discours des Pères de l'Église.

Ceux de St. Augustin, comme il le fait connaître dans son épître 152, étaient reproduits par huit notaires, dont quatre pour lui et « quatre nommés par d'autres, afin qu'il n'y eût rien d'omis ni rien d'altéré de ce qu'il professait; ces notaires se relayaient et écrivaient deux à deux. »

St. Jérome employait aussi « quatre notaires et six autres secrétaires; les premiers suivaient sa dictée par notes, et les autres transcrivaient ces notes tout au long en caractères ordinaires. » On appelait ceux-ci *librarii*, c'est-à-dire faiseurs de livres.

Dom Bernard de Montfaucon, auteur de la *Paléographie grecque* et de l'*Antiquité expliquée*, cite dans ces ouvrages les noms des notaires habiles qui recueillirent les homélies des orateurs sacrés dans les premiers âges de l'ère chrétienne, ainsi que ceux des évêques et des patriarches qui encouragèrent la propagation de l'art abréviatif.

Peu à peu celui-ci, sans règles bien déterminées, envahit à un tel point les manuscrits, les contrats, les minutes même, que le pape Fabien, trouvant l'écriture des notaires ecclésiastiques institués au nombre de sept par un de ses prédécesseurs, St. Clément, trop obscure et au-dessus de la portée du peuple, leur adjoignit sept sous-diacres ayant pour mission de transcrire sans abréviations les actes rédigés par les premiers.

Plus tard, cette confusion devenant générale, Justinien (*Novelle XLIV*) déclara « que les contrats d'abord minutés en caractères abrégés par les notaires n'étaient obligatoires que lorsque les tabellions avaient transcrit en toutes lettres ce que les notaires avaient écrit sténographiquement. » Enfin le même empereur défendit d'en faire usage à l'avenir dans les écritures publiques, à cause de l'équivoque qui pouvait naître de la ressemblance des signes.

Les invasions des Barbares, leurs sauvages dévastations, les formidables bouleversements causés par leurs courses à travers l'empire romain, firent disparaître rapidement tous les arts libéraux, et la sténographie s'éteignit également vers le milieu du VIe siècle. On n'en retrouve les traces que dans certains actes de chancellerie, dans quelques chartes, entre autres celles du comte Robert pour l'église de Saint-Martin-lez-Tours, et dans diverses annotations d'actes privés.

D'ailleurs la disparition des manuscrits sténographiés n'a rien d'étonnant au moyen âge; à cette époque où les lettrés étaient souvent assimilés aux sorciers, l'art notographique était considéré comme œuvre de magie; ceux qui le pratiquaient étaient persécutés, et leurs ouvrages détruits par la main du bourreau.

Ainsi J. Trithème, célèbre bénédictin, mort en 1516 abbé de Saint-Jacques à Wurtzbourg (auteur d'une polygraphie parue en 1518, et dont la traduction a été donnée en 1561 sous ce titre : « Polygraphie et universelle escriture cabalistique avec la clavicule dit par le Sage ! » par Gabriel de Collange), dédia une sténographie à l'électeur palatin Frédéric II mais l'original n'en fut pas moins brûlé solennellement, malgré la situation de l'auteur et la dédicace du livre, sur le rapport de deux hommes, Bosseville et Possevin, qui le dénoncèrent comme l'ouvrage impie d'un nécromancien.

## III

### STÉNOGRAPHIE MODERNE.

Les manuscrits au moyen âge. — Traités de Jacques Cossart en France, du Dr Bright en Angleterre. — Méthodes anglaises : Macaulay, Weston, Taylor. — Système de Taylor introduit en France par Bertin. — But poursuivi par les sténographes français. — MM. Grosselin, Fossé, Prévost. — MM. Conan de Prépéan, Lagache, Aimé-Paris, Cadrès-Marmet.

Lorsqu'on parcourt les manuscrits du moyen âge, on remarque, dans presque tous, que les scribes, étant préoccupés principalement de la pensée d'aller vite et de mettre un grand nombre de mots dans le moindre espace possible, ont fait usage d'une multitude d'abréviations, dans lesquelles on retrouve quelques vestiges des notes romaines.

Les actes publics datés des v^e et vi^e siècles sont déjà remplis de mots bizarrement tronqués ; on y lit, par exemple :

« *Speclr. val. vi. inc. cond. w. ɔc. dn. v. inl. mag. d. v. p. x. j. usq. in. h. d. pdta. w. diac. schol. et. col. rev. eccl. pnti. qd. p. c. ss. pp. qq. ss.*

Pour :

*Specialiter— valere,—viri inclyti,—conductores— viri clarissimi — dominus — vir illuster — magistratus — dixerunt —*

*vir perfectissimus — decem — primus — usque in hanc diem — prædicta — vir venerabilis — diaconus scholaris et collectuarius reverendæ ecclesiæ — præsenti — quondam — post consulatum suprascriptum—præsentes — quoque — supra — etc.*

Au XIe siècle, ce genre d'abréviations prit une extension considérable ; le roi Philippe le Bel essaya d'y remédier en 1304, par une ordonnance relative aux tabellions et aux notaires, mais l'abus ne disparut pas ; il se continua au contraire jusqu'au XVIe siècle. C'est l'extrême profusion des signes abréviatifs, souvent purement personnels à l'auteur, qui rend parfois si difficile la lecture des textes de la période gothique. Des manuscrits, leur emploi passa même dans l'imprimerie, et les premiers livres en offrent un très-grand nombre.

Le premier traité d'écriture abréviative régulière connu en France est celui de Jacques Cossard, prêtre bachelier en théologie, édité chez l'auteur au collége de la Marche, en 1651, imprimé sur parchemin, et posant comme principes : la formation des signes sans traits inutiles, un système d'abréviations consistant en retranchement de syllabes, élision de l'*e* muet et contraction de mots, système dont il aurait trouvé l'idée dans Quintilien, livre X, chap. IV, où il est parlé des notes tironiennes. Il fut suivi, en 1666, de la *tachéographie* de Charles Aloys Ramsay, ouvrage qui paraît avoir eu une certaine vogue, car il en a été publié huit éditions successives en latin, en français ou en allemand, soit à Paris, soit à Leipzig et à Iéna.

Ces traités sont tombés dans l'oubli.

Vers la même époque, la sténographie renaissait en Angleterre pour servir les intérêts des partis dans le gouvernement parlementaire qui y avait été établi. Son emploi devint bientôt général, par suite de quelques prescriptions de la procédure criminelle de ce pays, notamment celle qui interdit la preuve testimoniale écrite, de crainte qu'elle ne soit altérée « par l'ineptie, la méchanceté ou la corruption » des personnes chargées de la recevoir, et aussi « par la difficulté de rendre à la déposition d'un témoin toute sa vérité textuelle dans un style qui ne souffre pas de synonymes », prescriptions qui obligent les parties en justice à n'argumenter que sur les dépositions revées par la sténographie. Le roi Charles I^er^ en fit, usage dans sa prison, ainsi qu'on le voit dans ses lettres 111^e^, 118^e^ et 119^e^, 3^e^ volume, qui sont écrites en caractères abréviatifs.

C'est aussi sur une reproduction sténographique de son sermon qu'un nommé Bosewell, prédicateur, fut jugé coupable de haute trahison et condamné à mort sous le règne de Charles II.

Le traité le plus ancien paru en Angleterre est probablement celui du docteur Bright, édité en 1588. Dès le siècle suivant, plus de quatre-vingts méthodes y furent publiées par divers auteurs, entre autres : Addy, qui a fait paraître en 1687 un nouveau testament en sténographie, Aldridge, Angell, Amet, Bales, Byrom, poëte né en 1691 à Kersall près Manchester, membre de la société royale de Londres, Holdsworth, Thomas Cross, graveur, auteur d'un traité intitulé « The Art of character or short writing, » Londres,

1645, Farthing, Steele, Shelton, Webster, Macaulay, Vallade, Weston, etc.

Ces méthodes reposent généralement sur deux principes :

1° Alphabet composé des traits les plus simples pour les lettres qui reviennent le plus souvent dans le discours, les signes composés, ou d'un tracé difficile, étant réservés à celles qui ne reparaissent que rarement ;

2° Facilité de lier ces signes de manière à tracer le mot entier sans lever la plume.

Parmi elles se distinguèrent celles de Macaulay conservant en partie les voyelles, et de Weston, parue en 1780, réduisant les signes aux traits les plus simples, supprimant les voyelles, et reproduisant les consonnes des mots sans aucune considération de l'orthographe usuelle.

Ce dernier système fut modifié et perfectionné vers 1788 par Samuel Taylor, professeur de sténographie à Oxford, et introduit en France, en 1792, par Théodore-Pierre Bertin.

Les signes élémentaires y sont au nombre de seize, savoir :

*b. d. fv. gj. h. kq. l. m. n. p. r. s. t. x. y. ch*

Les voyelles sont représentées au commencement des mots par un point que l'on omet dans la pratique, supprimées dans le corps des mots et figurées à la fin, ainsi que les terminaisons *en*, *on*, *ou*, *oui*, et analogues, par un petit demi-cercle, un accent ou un point au-dessus ou au-dessous de la ligne d'écriture, le point, au-dessus désignant l'é, au-dessous l'*ī*, etc.

En voici un exemple extrait de l'ouvrage de Bertin :

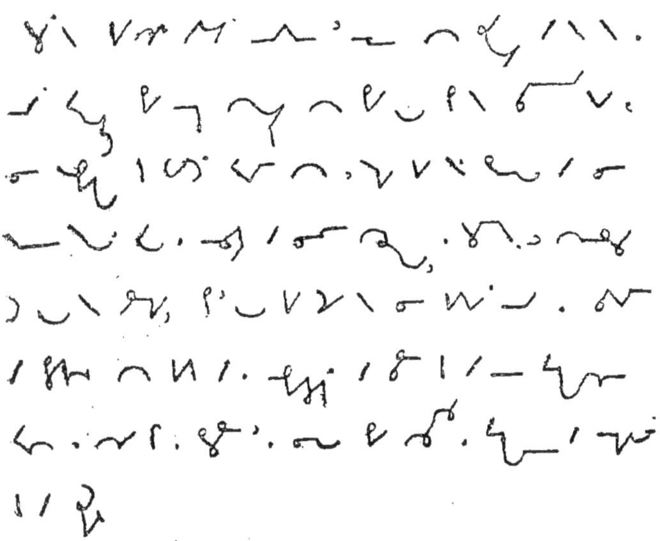

Cet exemple, traduit en lettres usuelles, donnerait :

*vlev. tr. rr. rndé. srvs. a. seu. q. dpnd. d. v. v. l. sré. dvntg. pr. st. cndt. q. pr. n. v. p. lssr. vr. o. m. nprtn. t. chrgé. dfrs. q. a. vtr. tr. vé. bsn. d. m. fss. vné. dn. l. sltd. d. mon. cbné. l. flsfi. é. cssbl. i. n. v. rmtré. p. a. n. tr. jr. v. m. trvré. sr. l. lvrs. d. Plton. q. trt. d. l. sprtlté. d. lm. t. d. s. dstncsion.*

*dvc. l. cr. ou. l. plm. a. l. mn. pr. clclr. l. dstns. d. strn. t. d. jptr.*

Nous croyons que peu de personnes déchiffreront ces lignes, et nous en faciliterons la lecture en reproduisant le texte *in extenso.*

« Voulez-vous être rare, rendez service à ceux qui dépendent de vous ; vous le serez davantage par cette conduite que par ne vous pas laisser voir. O homme important et chargé d'affaires, qui à votre tour avez besoin de mes offices, venez dans la solitude de mon cabinet ; la philosophie est accessible. Je ne vous remettrai point à un autre jour ; vous me trouverez sur les livres de Platon, qui traitent de la spiritualité de l'âme et de sa distinction d'avec le corps, ou la plume à la main, pour calculer les distances de Saturne et de Jupiter. » (La Bruyère.)

Comme on le voit, cette méthode dont la rapidité est incontestable, et qui permet d'atteindre la vitesse de l'élocution, a un grave inconvénient. La suppression des voyelles au commencement et à l'intérieur des mots rend la lecture des monogrammes extrêmement difficile et les confusions fréquentes.

Ainsi, les signes *n. r* signifient tout à la fois : noir, nuire, unir ;

*sr.* sire, sœur, sourd, suaire, soir, sûr, sort, asseoir, azur, essor, hasard, hussard, usure ;

*fr.* fer, fard, fier, feurre, fort, fouir, fuir, foire, four, phare, verre, ouvert, vire, voir, éphore, avare, avoir, hiver, ivoire, ivre, œuvre, etc.

C'est ici le cas de rappeler ce quiproquo cité par

un auteur, H. Blanc, d'un père écrivant à son fils, d'après cette méthode : « Ménage ton argent, » et du fils traduisant de la meilleure foi du monde : « Mange ton argent, » les caractères sténographiques étant les mêmes dans les deux cas.

Néanmoins les signes consonnes de Bertin, simples, bien choisis, et la question principale que doit se proposer le praticien, la vitesse, étant atteinte, sa méthode a remplacé la tachygraphie de Coulon de Thévenot, parue en 1776, dont on faisait usage avant lui, et ses successeurs se sont bornés, en prenant ses signes consonnes pour base de leur écriture, à rendre la lecture des monogrammes plus facile; ils y sont parvenus par deux voies différentes.

La première, consistant à modifier, à augmenter le nombre des signes représentant les voyelles initiales et les terminaisons les plus fréquentes, a été suivie par MM. Grosselin, Breton, Fossé, sténographes au *Moniteur*, Prévost, chef du service au Sénat, Tondeur, Letellier, et autres. M. Prévost, par exemple, a adopté trente signes pour les initiales voyelles et consonnes, et quarante pour les terminaisons.

Dans ces systèmes, la difficulté, c'est-à-dire la reproduction exacte du son perçu, n'est qu'à demi vaincue, car les voyelles médianes ne peuvent être indiquées, et l'on y trouve encore des mots tels que ceux-ci : ltg. rsnb. lttd. sld. rmg. rhgnon. pour laitage, raisonnable, latitude, salade, ramage, réunion, etc.

La seconde, suivie par MM. Conan de Prépéau,

Delsart, sténographe au *Moniteur*, Lagache, chef du service du Corps législatif, Aimé Paris Cadrès-Marmet, Lemarchand etc., consiste à reproduire exactement tous les sons, par l'introduction des voyelles dans les monogrammes.

M. Conan de Prépéan, conservant une partie de l'alphabet de Taylor et adoptant deux dimensions pour les signes, consacra la plus grande aux consonnes et la plus petite aux voyelles ; il adopta aussi, pour faciliter les liaisons, deux signes différents pour une même lettre, *l*, *n*, *m*, *p*, *un*, par exemple, et des signes doubles pour certaines d'entre elles. Dans quatre éditions successives il perfectionna les procédés abréviatifs ; la première est de 1813, la dernière date de 1822. En 1833, il en fit paraître une sixième, dans laquelle, le principe fondamental de l'insertion des voyelles dans le corps des mots restant admis, il affecta d'autres signes aux voyelles et aux consonnes.

M. Aimé Paris, reprenant l'alphabet de M. de Prépéan, écarta une partie des théories adoptées par celui-ci, rejeta les signes doubles pour une seule lettre, assigna à celles-ci des traits simples, droits ou courbes, et supprima d'une manière absolue dans l'écriture cursive les points et les barres servant à distinguer les voyelles nasalées des simples et les consonnes faibles des fortes.

M. Cadrès-Marmet, sténographe de S. A. le duc d'Orléans, attaché au *Moniteur*, suivant la même voie, fit usage de l'alphabet modifié par Aimé Paris, et y adapta partiellement le système d'abréviation indiqué par M. Conan de Prépéan, le meilleur et le plus logique qui ait paru jusqu'à ce jour, car il repose entièrement sur la connaissance de la langue et ne laisse rien à l'arbitraire de l'écrivain.

C'est cette voie que nous avons suivie, cette méthode que nous avons adoptée, bien déterminé à la vulgariser autant qu'il nous sera possible. Comme on l'a vu, elle n'est l'œuvre ni d'un jour ni d'un homme; une partie de ses signes a été extraite des méthodes anglaises modifiées par Taylor; de nouvelles améliorations y ont été apportées par M. Conan de Prépéan, puis par M. Aimé Paris, et l'expérience les a consacrées. Elle a été déjà éditée avec quelques changements personnels aux auteurs :

A Paris, en 1830, par M. Cadrès-Marmet (Sténographie simplifiée);

A Toulouse, en 1840, par M. Boutin (Leçons de sténographie d'un précepteur à son élève);

A Paris, en 1842, par M. Potel de Dieppe (Méthode classique de sténographie);

— en 1846, par M. Pottier-Gruson (Sténographie des gens du monde);

— en 1862, par M. Henri-Gueyras (Sténographie popularisée);

— en 1869, par M. Roby (Nouveau Système de sténographie).

Le système général d'abréviations de M. Conan de Prépéan étant, sur quelques points, trop long, trop minutieux pour être appliqué rapidement dans un programme d'études, nous nous bornerons à indiquer la partie relative aux temps des verbes, ainsi qu'à la réduction des substantifs, des adjectifs, des adverbes en plusieurs classes, et nous nous arrêterons principalement aux abréviations concernant les désinences, les liaisons, les articles et les pronoms, les répétitions et les oppositions, abréviations qui, ayant l'avantage de se faire naturellement, sans fatigue pour l'esprit, sans effort pour la mémoire, permettent d'atteindre le but que tout sténographe doit se proposer, c'est-à-dire de suivre la parole.

---

## IV

### ORTHOGRAPHE STÉNOGRAPHIQUE.

Voyelles simples ; nasales. — Consonnes, suppression des lettres H. K. Q. X. W. — Fortes et faibles ; prononciation. — Opinion de Voltaire sur l'orthographe usuelle. — Exemple.

La sténographie, écriture abrégée dont le but final est de permettre aux personnes qui la pratiquent de reproduire textuellement les discours entendus par elles, doit sa rapidité à deux conditions fondamentales :

1° Elle remplace les lettres usuelles par des caractères plus simples ;

2° Elle ne reproduit que les sons perçus par l'oreille, supprimant les lettres doubles et celles qui, bien que différentes, expriment le même son.

L'orthographe sténographique, indiquée par la prononciation, ne peut donner lieu à aucune incertitude : les lettres inutiles telles que l' *s* du pluriel, *nt* terminant la troisième personne du pluriel des verbes, les doubles consonnes ne représentant qu'une articulation, sont élaguées rigoureusement ; les autres ont un rôle unique sans modification possible.

Les voyelles se distinguent en simples et nasales.

Les voyelles simples sont :

*a. e. i. o. u.*

On leur assimile deux sons usités :

*eu* et *ou.*

Les nasales sont :

*an, en, on, un.*

L'analogie existant entre les voyelles simples et les nasales sera facilement saisie à l'aide du tableau suivant :

| *Voyelles simples.* | *Voyelles nasales.* |
|---|---|
| é — âg*é*. | en — ag*en*. |
| a — l*a*. | an — l*an*. |
| o — m*o*t. | on — m*on*. |
| eu — j*eu*. | un — j*eun*. |

L'*e* muet est supprimé ; l'*é* fermé et l'*è* ouvert sont exprimés par le même signe.

*Y*, également supprimé, est remplacé par *i*.

La diphthongue *oi* est représentée par les signes réunis des voyelles *ou-a.* — *loi, loua*; *moi, moua.*

Comme on ne tient pas compte de l'orthographe usuelle, on reproduit *é, ai, ei, ais, ait, aient*, sonnant à l'oreille « *é* », par cette dernière lettre; *o, oh! au, eau, haut, aut*, par *o*, etc.

Dans l'écriture ordinaire, on emploie vingt consonnes, qui sont :

*b. c. d. f. g. h. j. k. l. m. n. p. q. r. s. t. v. w. x. z.*

En sténographie, la lettre *H*, qui n'a pas d'articulation propre, est supprimée.

Il en est de même de *W*, que l'on remplace par *v* ou par *ou* suivant les sons entendus;

de *X*, qui se prononce *cs* ou *gz* : *exil, expiré* — *egzil, ecspiré* ;

des lettres *K* et *Q*, que l'on remplace par *c* : *kilo* — *cilo*.

Il reste par conséquent quinze consonnes ou articulations auxquelles il faut ajouter :

*ch*, comme dans les mots *ch*at, *ch*iffon,

*ll* mouillé, comme dans bi*ll*e, pai*ll*e,

*gn*, comme dans mi*gn*on, a*gn*eau.

On les range en six classes, d'après leur similitude, en distinguant les fortes des faibles qui en sont dérivées.

Les consonnes fortes sont d'ailleurs plus fréquentes que les faibles.

1re classe : consonnes *labiales*, formées par le seul mouvement des lèvres :

p f      b v

2e classe, *dentales*, dues à la pression de la langue contre les dents :

t      d

3e classe, *sifflantes*, produites par une sorte de sifflement entre la langue et les dents :

s ch      z j

4e classe, *palatales* ou *liquides*, dues au frôlement de la langue sur le palais :

l      ll
r

5e classe, *gutturales*, proférées par la partie de la langue qui avoisine le gosier :

c      g

6e classe, *nasales*, prononcées du nez :

n      gn
m

Toutes les consonnes se prononcent d'une manière uniforme, c'est-à-dire suivies de l'*e* muet : *be*, *ce*, *de*, *fe*, *ge*, *je*, *le*, *me*, etc., ce qui permet d'écrire avec une seule lettre les monosyllabes *me*, *ne*, *te*, *se*, *je*, *de*, *le*.

*t*, *c*, *g*, *s*, sont toujours durs et se prononcent *te*, *que*, *gue*, *se*. On les remplace par *s*, *j* ou *z*, dans les mots *nation*, *ce*, *gémir*, *usure*, qu'on écrit : *nasion*, *se*, *jémir*, *uzure*.

*ph* est éliminé ; les mots *phare*, *porphyre* s'écrivent : *far*, *porfir*.

Le tableau qui suit fera comprendre le peu de différence existant entre les consonnes fortes et les faibles, différence qui disparaît complétement selon la personne qui parle : car l'Alsacien confond *j*, *ch*, avec *s*, *z*, *b* avec *p*, *d* avec *t* : « Zes tiaples te chenies supaldernes ont dous tis manières te cagner te l'archan ed tousse manières te le tébenser. » (Balzac). Le Gascon prononce *z* pour *s*, *s* pour *ch* : «Ze soui dézolé, mon ser, mais zé n'y poui rien. » L'enfant dit plus facilement *z* que *s*, *l* que *ll*, zolie soze, belle pale, que « jolie chose, belle paille. »

| *Consonnes fortes.* | *Consonnes faibles.* |
|---|---|
| p. — *p*ain. | b. — *b*ain. |
| f. — *f*in. | v. *v*in. |
| t. — *t*on. | d. — *d*on. |
| s. ch. — ca*ss*e. ca*ch*e. | g. z. — ca*g*e. ca*s*e. |
| c. — *c*ou. | g. — *g*oût. |
| n. — di*n*e. | *gn*. — di*gn*e. |
| l. — bi*l*e. | ll. — bi*ll*e. |

A l'appui des règles d'orthographe qui viennent

d'être indiquées, il n'est pas inutile de rappeler incidemment ici l'opinion de Voltaire, qui lui donne gain de cause :

« Pour l'orthographe purement française, l'habitude seule fait en supporter l'incongruité :

« *Emploiroient*, *octroiroient*, qu'on prononce : *amploiré*, *octroiré*;

« *Paon* qu'on prononce *pan*, *faon* qu'on prononce *fan*, et cent autres barbaries pareilles font dire :

*Hodieque manent vestigia ruris.* (HORACE.)

« L'écriture est la peinture de la voix; *plus elle est ressemblante, meilleure elle est.* »

(*Dictionnaire encyclopédique.*)

Nous allons maintenant, en appliquant les règles qui précèdent, écrire en orthographe sténographique une petite fable de La Fontaine :

LE RENARD ET LES RAISINS.

Certain Renard gascon, d'autres disent normand,
Mourant presque de faim, vit au haut d'une treille
Des raisins mûrs apparemment,
Et couverts d'une peau vermeille.
Le galant en eût fait volontiers un repas,
Mais comme il n'y pouvait atteindre :
« Ils sont trop verts, dit-il, et bons pour des goujats. »
Fit-il pas mieux que de se plaindre ?

L RNAR É LÉ RÉZIN

Sert*in* rnar gasc*on* dotr diz norm*an*
m*ouran* presc d f*in* vi o o dun tre*ll*
dé réz*in* mur aparam*an*
é *cou*ver dun po verme*ll*
le gal*an an* u fé vol*on*tié *un* repa.
mé com il ni p*ou*vé at*in*dr
il s*on* tro ver, ditil, é b*on* p*ou*r dé g*ou*ja
fitil pas mi*eu* c d s pl*in*dr

---

En comptant le nombre des lettres composant les deux textes qui précèdent, on remarquera qu'il s'en trouve 283 dans le premier et 179 dans le second, les nasales et les articulations *ch ll* ou *gn* comptant chacune pour une seule; on gagne donc déjà, de cette manière, plus d'un tiers sur l'écriture usuelle.

Il n'est pas besoin d'ajouter que l'apostrophe et le trait d'union se suppriment, et que chacun des termes *dotr*, *dun*, *ditil*, *fitil*, ne forment plus qu'un seul monogramme.

# V

## ALPHABET.

Différences entre les voyelles et les consonnes. — Entre les voyelles simples et les nasales. — Entre les consonnes faibles et les fortes. — Liaison des signes. — Formation des mots. — Ponctuation. — Numération. — Exemples.

Les signes les plus simples, auxquels ont eu recours presque tous les auteurs, sont la ligne droite, la ligne courbe et le cercle.

La ligne droite peut se tracer dans quatre directions différentes : verticale, horizontale, oblique à droite et oblique à gauche.

La ligne courbe ou le demi-cercle donne quatre autres signes; demi-cercle supérieur, inférieur, à droite, à gauche.

On a donc en totalité neuf traits simples :

C'est avec ces neuf traits, pour lesquels il a été adopté deux dimensions différentes, que l'on est parvenu à représenter toutes les lettres de l'alphabet sténographique.

Les principes suivis pour atteindre ce but ont été les suivants :

1° Usage des signes du tracé le plus facile pour les lettres reparaissant le plus fréquemment.

2° Application aux voyelles du cercle et des traits droits ou courbés de petite dimension, et indication des nasales, par le point ;

3° Emploi, pour les consonnes, des signes de grande dimension (trois fois plus longs que ceux des voyelles) ;

4° Représentation des consonnes fortes par les traits simples, les traits barrés étant réservés aux faibles.

| *Voyelles simples.* | *Voyelles nasales.* |
|---|---|
| *e. a. o. i. ou. u. eu.* | *en. an. on. un.* |

*Remarques.* — Le cercle de grande dimension est affecté à l'*o*, celui de petite dimension à l'*a*.

*é* se place dans tous les sens, de même que sa nasale *en*.

| *Consonnes fortes.* | *Consonnes faibles.* |
|---|---|
| *p. t. r. f. s. l. n. c. m.* | *b. d. v. i. ch. z. ll. gn. g.* |

*Remarques.* — Les consonnes fortes sont représentées par les mêmes traits que les faibles qui en dérivent ; les dernières se distinguent par une petite barre transversale, ou par un petit demi-cercle dans la forme du *c* pour le *ch*, dans le sens du *j* pour cette dernière lettre.

La pente du *t* est la même que dans l'écriture ordinaire. Il se trace *de haut en bas*. La lettre *r*, à laquelle on a assigné le même trait, s'écrit au contraire *de bas en haut*.

Les signes des articulations *d. f. n. r. s.* sont les mêmes que ceux de Taylor : ceux des lettres *g. q. t. ch.* sont également conservés, mais appliqués à d'autres consonnes *m. l. p. c.*

Ce sont, en somme, tous les traits simples de l'alphabet de Taylor ; les autres, figurant *b, h, l, m, p, x*, ont été écartés, comme étant composés en réalité de deux signes différents, soit d'un cercle et d'une droite, soit d'une courbe et d'une droite.

En adoptant l'ordre usuel, notre alphabet sera ainsi composé :

*a. an. b. c. d. é. en. f. g. i. j. ch. l.*

*m. n. gn. o. on. p. r. s. t. u. v. eu. un. z.*

Il est facile maintenant, en reprenant la fable du Renard et des Raisins, de la noter en caractères abréviatifs.

A l'aide de quelques règles simples et ne souffrant aucune exception, nous allons pouvoir unir régulièrement tous les signes, de manière à ne faire qu'un seul monogramme des lettres de chaque mot.

Ces règles de liaisons s'appliquent 1° à la lettre *é*, 2° aux droites et aux courbes, 3° au cercle.

La lettre *é* se trace de façon à former toujours un angle avec les traits droits ou courbes qui la précèdent et la suivent.

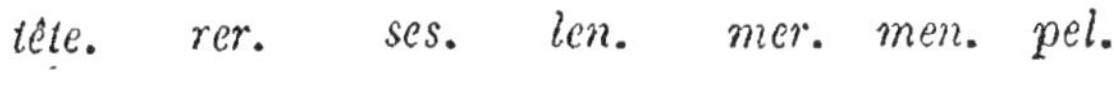

Les traits droits, les traits courbes, se lient entre eux par leurs extrémités en conservant leurs directions respectives. Dans le cas où deux consonnes droites pareilles se rencontrent par suite de la suppression de l'*e* muet, on double, pour les représenter, la longueur de l'une d'elles.

*fr. ft. tr. rt. tm. rl. mr. nl. peu.*

*lu. il. nou. cm. it. ut. su. ss. tt.*

Lorsque le cercle est compris entre deux traits droits ou courbes, formant angle, il se place au sommet extérieur de l'angle.

*fat. tar. tof. rap. ras. car. cap. mat.*

*las. lot. loc. lar. lom. nos. son. nap.*

S'il n'y a pas d'angle entre les signes réunis par le cercle, ou si celui-ci commençant ou finissant un mot se trouve à l'extrémité d'une droite, il se fait en sens inverse de l'*o* de l'écriture usuelle.

*sas. faf. tot. rar. nal. lan. mac. lap. cas.*

*ta. ra. sa. fo. aro. ota. sa. or. to.*

Quand le cercle commençant ou finissant un mot est joint à une courbe, il se trace dans l'intérieur de cette dernière. Il peut y avoir lieu de réunir la lettre *o* aux courbes des voyelles, *i, ou, eu, u,* alors on allonge la forme du cercle.

*am. an. ano. om. uc. ca.*

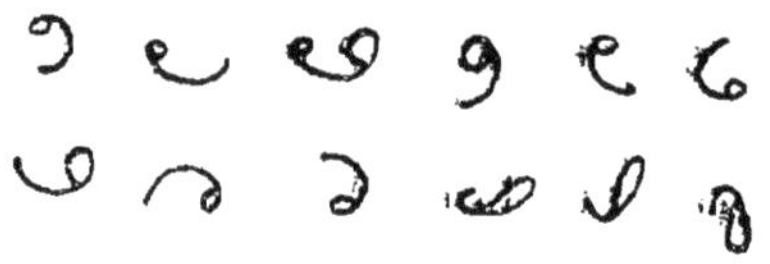

*no. la. ma. uo. io. ouo.*

On écrit les mots en appliquant successivement les règles qui précèdent à toutes leurs lettres. Ils doivent se tracer sans lever la plume ; on barre ensuite les consonnes et on pointe les nazales comme on place les accents lorsqu'on fait usage des caractères usuels.

Exemple :

Les signes de la ponctuation ordinaire ont été adoptés par quelques auteurs ; nous les croyons inutiles dans une écriture rapide.

Il est facile de remplacer le point en laissant entre les phrases un espace de deux centimètres, et d'indiquer soit un changement d'interlocuteur par l'abaissement des signes à la ligne inférieure en reprenant à la marge, soit une parenthèse, un changement de sens ou des guillemets par l'abaissement de l'écriture immédiatement au-dessous du dernier mot tracé.

Quant aux autres signes, virgule, point et virgule, point d'exclamation, point d'interrogation, ils sont supprimés, le sens et l'ordre des éléments de la phrase y suppléant suffisamment.

Les chiffres arabes auxquels on est habitué dès l'enfance sont en réalité des signes sténographiques. La rapidité avec laquelle ils s'écrivent étant suffisante, nous les adopterons en leur ajoutant quelques traits auxiliaires pour écrire *cent, mille, million.*

*Cent* sera figuré par une ligne horizontale au-dessus du nombre, *mille* par un trait au milieu des chiffres, *million* par le même trait au-dessous :

Trois cents. . . . . . . . . . . . . . $\overline{3}$

Trois millions. . . . . . . . . . . . . $\underline{3}$

Deux mille quatre cents. . . . . . . . . $\overline{24}$

Les terminaisons *ième, ièmement,* dans les nombres ordinaux seront indiquées par un point au-dessus du dernier chiffre.

| cinquièmement. | quarantième. |
|---|---|
| 5· | 40· |

L'exemple suivant, que nous faisons suivre de sa traduction, renferme l'application de tous les principes relatifs à l'écriture sténographique.

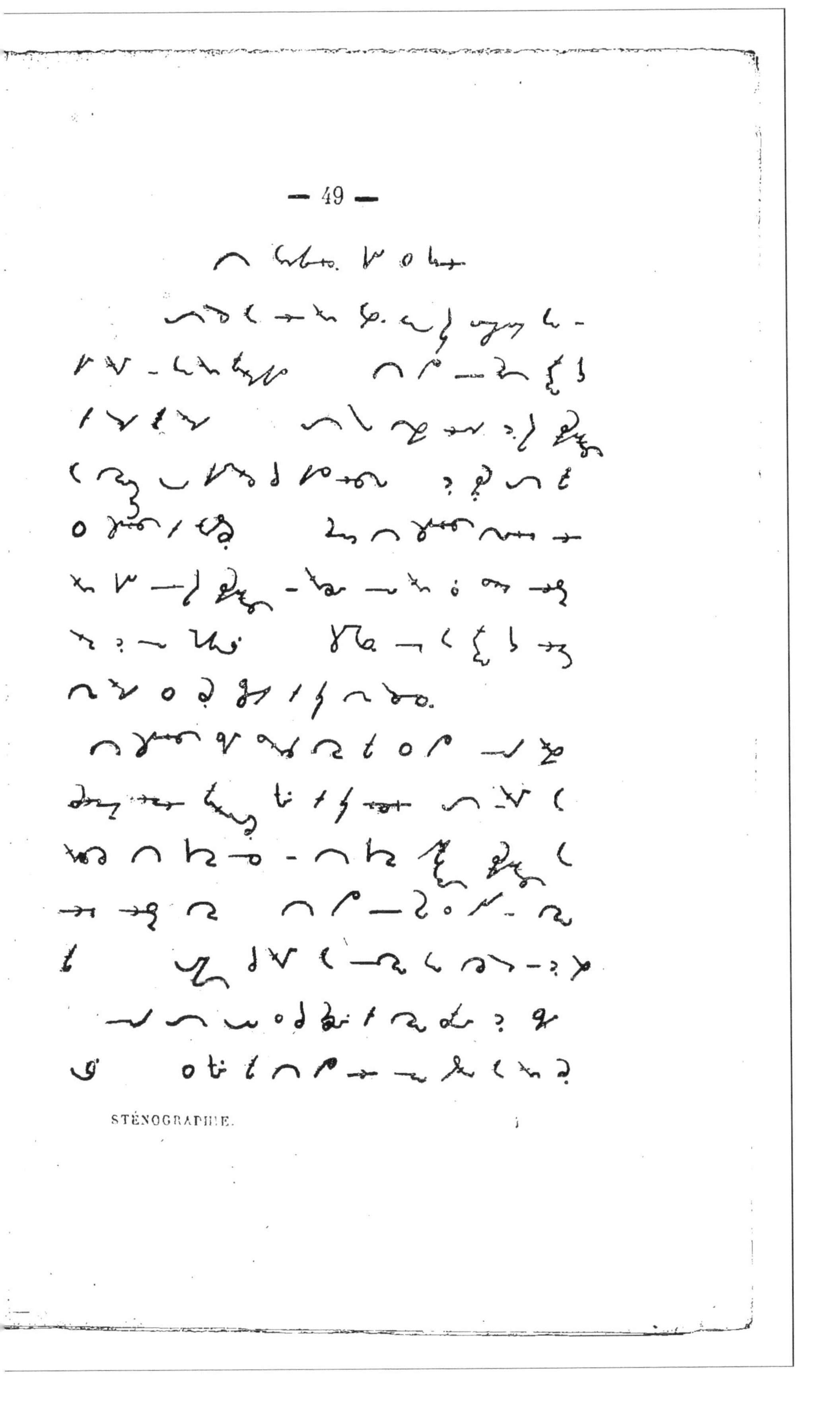

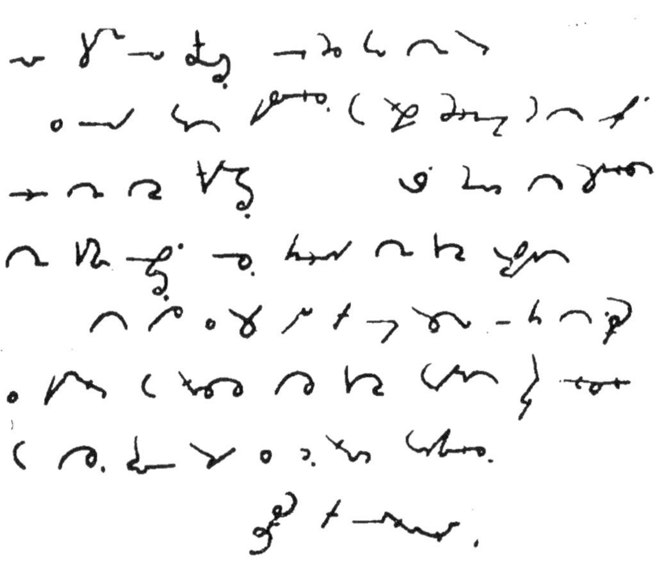

LE COURTISAN PRIS AU PIÉGE.

Il faut que je vous conte une petite historiette, qui est très-vraie et qui vous divertira. Le roi se mêle depuis peu de faire des vers. Il fit l'autre jour un petit madrigal, que lui-même ne trouva pas trop joli. Un matin il dit au maréchal de Grammont : « Monsieur le maréchal, lisez, je vous prie, ce petit madrigal, et voyez si vous en avez jamais vu un si impertinent. Parce qu'on sait que depuis peu j'aime les vers, on m'en apporte de toutes les façons. »

Le maréchal, après avoir lu, dit au roi : « Sire, Votre Majesté juge divinement bien de toutes choses; il est vrai que voilà le plus sot et le plus ridicule madrigal que j'aie jamais lu. » Le roi se mit à rire et lui dit : « N'est-il pas vrai que celui qui l'a fait est un fat? — Sire, il n'y a pas moyen de lui donner un autre nom. — Eh bien! dit le roi, je suis ravi que vous m'en ayez parlé si bonnement; c'est moi qui l'ai fait. — Ah! Sire, quelle trahison! que Votre Majesté me le rende, je l'ai lu brusquement. — Non, monsieur le maréchal, les premiers sentiments sont toujours les plus naturels. » Le roi a fort ri de cette folie, et tout le monde a trouvé que voilà la plus cruelle petite chose que l'on puisse faire à un vieux courtisan.

Madame DE SÉVIGNÉ.

Autre exemple :

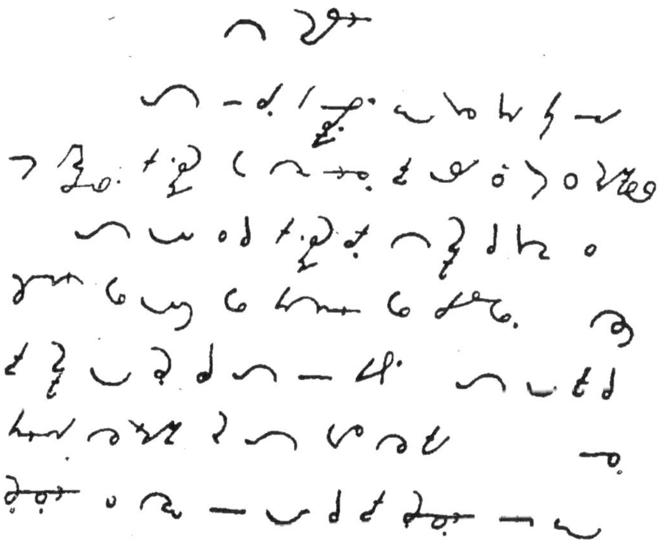

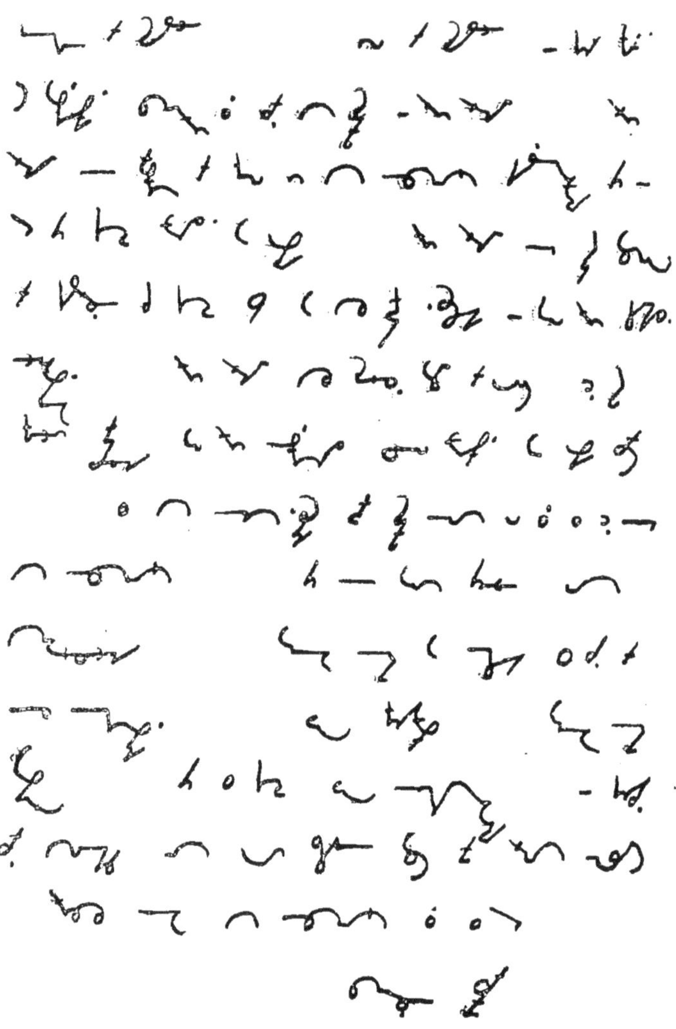

LE MIRAGE.

Il est temps de s'entendre une fois pour toutes sur

cette réputation de menteurs que les gens du Nord ont faite aux Méridionaux. Il n'y a pas de menteurs dans le Midi, pas plus à Marseille qu'à Nîmes, qu'à Toulouse, qu'à Tarascon.

L'homme du Midi ne ment pas; il se trompe; il ne dit pas toujours la vérité, mais il croit la dire. Son mensonge, à lui, ce n'est pas du mensonge, c'est une espèce de mirage.

Oui, de mirage, et pour bien me comprendre, allez-vous-en dans le Midi, et vous verrez! Vous verrez ce diable de pays où le soleil transfigure tout et fait tout plus grand que nature. Vous verrez ces petites collines de Provence pas plus hautes que les buttes Montmartre et qui vous paraîtront gigantesques. Vous verrez la Maison-Carrée de Nîmes, un petit bijou d'étagère, qui vous semblera aussi grande que Notre-Dame. Ah! le seul menteur du Midi, s'il y en a un, c'est le soleil. Tout ce qu'il touche, il l'exagère.

Qu'est-ce que c'était que Sparte au temps de sa splendeur? Une bourgade. — Qu'est-ce que c'était qu'Athènes? Tout au plus une sous-préfecture. Et pourtant, dans l'histoire, elles nous apparaissent comme des villes énormes. Voilà ce que le soleil en a fait.

Alphonse Daudet.

En terminant cette partie de la méthode, nous croyons devoir engager les élèves qui voudront acquérir quelque dextérité à recopier plusieurs fois, aussi régulièrement que possible, sans se préoccuper de la question de vitesse, que le temps seul résoudra, les divers exemples donnés en partie dans ce but, et à le faire jusqu'à ce qu'ils les écrivent de mémoire, puis à copier des ouvrages, des articles intéressants. Ils se formeront ainsi, tout en s'exerçant, une bibliothèque choisie qu'ils reliront toujours avec un vif plaisir.

Ils doivent également s'astreindre à relire leur écriture après un intervalle de quelques jours, et agir ainsi jusqu'à ce qu'ils lisent leur sténographie tout à fait couramment, résultat qui peut être obtenu dans un délai de trois ou quatre mois. Ils passeront ensuite à l'étude des abréviations. Vouloir précipiter celle-ci, et l'aborder avant d'avoir acquis une certaine habitude des caractères sténographiques, serait s'engager dans une voie fausse et risquer de rester toujours dans la médiocrité.

« Patience et courage, » telle doit être la devise de tout élève qui veut atteindre le but : patience, car il ne faut pas, suivant une expression vulgaire, chercher à courir avant de savoir marcher ; courage, car il est parfois utile d'en avoir pour surmonter les légères difficultés et les longueurs inévitables du début.

# VI

## PREMIÈRES ABRÉVIATIONS.

Vitesse de l'élocution chez les Français. — Chez les Anglais. — Sténographie Pitman. — Organisation du service officiel. — Expériences de M. de Martinville. — Suppression des barres des consonnes et des points des voyelles. — Lettres, *é*, *eu*. — Élimination d'une voyelle sur deux. — Consonnes *c. l. p. r.* — Liaisons.

Les règles indiquées dans les chapitres précédents s'appliquent à la sténographie exacte, reproduisant tous les sons de la langue française, et permettant déjà d'écrire trois ou quatre fois aussi vite qu'avec les caractères ordinaires ; mais cela n'est pas suffisant pour suivre la parole, qui est sept ou huit fois plus rapide que l'écriture usuelle.

« On a calculé que deux minutes d'improvisation à la tribune du Corps législatif représentaient en moyenne trente lignes du *Moniteur*, c'est-à-dire trois cents mots, d'où il résulte pour le sténographe, et dans les cas les plus ordinaires, l'obligation de recueillir 150 mots par minute. Mais l'expérience a constaté que chez quelques orateurs le maximum dépasse cette évaluation et atteint vingt lignes, qui donnent le chiffre de deux cents mots par minute.

« A ce sujet, M. Léon de Malleville, dans son rapport sur l'organisation de la sténographie à la chambre des députés en 1847, rappelle que Gibbon, émerveillé du talent oratoire déployé par Shéridan dans la mémorable discussion du procès d'Hastings, procès suscité par Burke à ce gouverneur de l'Indoustan, eut la curiosité de savoir du sténographe combien de mots un orateur rapide pouvait prononcer en une heure. « 7 000 à 7,500, » lui fut-il répondu.

« Or, la moyenne de 7,200 donne 120 mots par minute, soit deux mots par seconde. »

M. de Malleville ajoute : « On voit que l'impétuosité oratoire française l'emporte de beaucoup sur celle des Anglais. » (Prévost.)

Nous croyons cette assertion inexacte et les chiffres cités erronés.

Sans être très-initié aux méthodes anglaises, nous savons pourtant, par les ouvrages publiés à l'institut de Bath sous la direction de M. Pitman, que la vitesse de l'élocution des orateurs britanniques est égale, sinon supérieure, à celle des Français. Les raisons de leur rapidité sont aisées à comprendre.

Le Français prononce les mots à peu près dans leur entier; il articule nettement les voyelles; puis les mots, dans notre langue, sont en général plus longs qu'en anglais, ce qui facilite les abréviations. L'Anglais, au contraire, supprime souvent une partie des mots en parlant, et ne laisse entendre que les consonnes, à tel point que les sténographes ne reproduisent que ces dernières. En outre, le genre de discussion à la chambre des communes, consistant en conversations entre les divers membres de l'assemblée, accélère encore le mouvement de la parole.

Nous croyons donc que les difficultés à vaincre pour les sténographes anglais sont les mêmes que pour nous, et que le nombre de mots à écrire par minute est à peu près égal des deux côtés ; mais ce qui facilite le travail chez nos voisins, c'est que la plupart d'entre eux apprennent l'art abréviatif dès l'enfance, qu'ils y sont rompus à treize ou quatorze ans, et que, parvenus à l'âge d'homme, ils atteignent une vitesse de plume que nos meilleurs praticiens seuls peuvent égaler.

Au reste, comme élément de comparaison, nous donnons ci-dessous un exemple de la sténographie de M. Pitman, avec le texte anglais et la traduction :

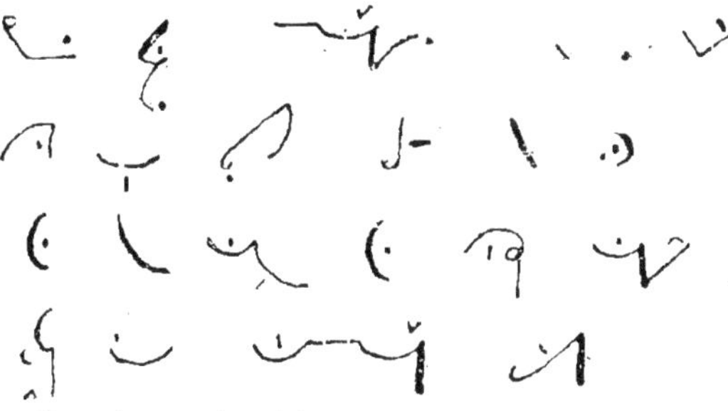

Speak gently, kindly, to the poor;
Let no harsh tone be heard ;
They have enough they must endure ,
Without an unkind word.

« Parle avec douceur, avec bienveillance aux malheureux; — ne laisse échapper à leur égard aucune parole sévère. — Ils ont assez de ce qu'ils ont souffert — sans y ajouter un mot blessant. »

On remarquera que les consonnes, divisées en fortes et en faibles, se distinguent les unes des autres par un renforcement assigné aux secondes, et que les voyelles sont tracées en dehors des monogrammes. Dans l'écriture rapide, on supprime les voyelles ainsi que les renforcements, et il ne reste plus, les mots étant écrits sans lever la main, qu'une moyenne de deux signes pour chacun d'eux, résultat à peu près impossible à atteindre en France. Le seul auteur qui y soit parvenu à l'aide d'une écriture sur deux lignes et de signes triples-consonnes, M. Patey (*Sténographie des sténographies*, 1832), n'a formé aucun élève, par suite des difficultés insurmontables de lecture que présentait son système.

Après avoir établi l'inexactitude de l'assertion de M. de Malleville, il convient de rappeler deux expériences citées par l'auteur d'une analyse des diverses sténographies publiées jusqu'à lui (1849) et parvenues à sa connaissance, M. Scott de Martinville, qui a traité son sujet en homme d'esprit, mais non en praticien, car après avoir rendu compte de toutes les méthodes et les avoir déclarées, sans exception, mauvaises ou à peu près, il a ajouté :

« Je ne puis nier les sténographes (c'eût été difficile en présence d'hommes tels que MM. Cadrès-Marmet, Collon, Delsart, De Linage, Grosselin père et fils, Lagache frères, Lequien, Prévost, et leurs collègues des deux chambres), mais je nie la sténographie. Je dis qu'il n'a pas encore été présenté chez nous de méthode reposant sur des principes fixes rationnels, qui constituent l'art de manière à remplir sa destination spéciale, unique, celle de suivre exactement la parole et d'être en même temps accessible aux capacités moyennes. »

Nous laissons nos élèves juges de cette opinion; ils pourront nous dire quelles difficultés insurmontables, quels principes arbitraires, irrationnels, ils ont trouvés dans cette méthode.

Mais un rapprochement de textes suffira pour expliquer l'opinion de cet auteur.

« De 1816 à 1832 l'art sténographique eut assez de retentissement pour appeler l'attention des personnes qui, écrivant beaucoup, ont besoin d'écrire rapidement.

« Séduit comme plusieurs d'elles par ses brillantes promesses — (les sténographes régionaux à surprises; les 30 lignes écrites à la minute; les sourds-muets, les aveugles suivant la parole en trois mois sans recouvrer l'ouïe ni la vue! les bergers prêts à subir victorieusement les examens au corps législatif, quand ceux qui se donnent comme chefs d'école et inventeurs brevetés ne sont pas capables d'affronter le premier, 13 à 14 lignes à écrire par minute; et le reste!) — j'étudiai sous la direction de l'auteur, une des méthodes alors en réputation, et je parvins avec facilité, par les moyens qu'elle emploie, à écrire deux ou trois fois plus vite qu'avec l'écriture usuelle; mais lorsque je voulus suivre l'orateur le moins volubile, ou même la déclamation théâtrale, j'échouai complétement. »

Aussi, ne pouvant nier les sténographes, M. de Martinville nie la sténographie. Le premier fait qu'il invoque à l'appui de son opinion est celui-ci :

« Le *Moniteur*, en sa qualité de *Journal officiel*, n'emploie pas moins de 13 à 15 sténographes, lesquels se relaient après quelques minutes de travail. Voilà où en est chez nous la sténographie. Que dirait-on, par exemple, de l'art du pianiste, s'il fallait douze ou quinze musiciens et autant d'instruments pour exécuter un morceau d'un mouvement vif et d'une certaine étendue? »

Comparaison n'est pas raison, dit un proverbe; celle de M. de Martinville est absolument fausse, et l'objection relative au service sténographique à la chambre prouve simplement que l'auteur n'était pas au courant de son organisation.

Quelques mots suffiront pour le démontrer.

Le service du corps législatif a été établi tel qu'il fonctionne actuellement en 1848, à la suite d'un remarquable rapport de M. Ducos, député.

Il se divise en deux éléments, le roulement et la révision.

Les sténographes rouleurs *prennent*, c'est le mot consacré, pendant deux minutes. Ils se placent à gauche de la tribune et travaillent debout, leur papier posé sur un pupitre formé d'une planchette longue d'un mètre fixée à hauteur de poitrine, et faisant saillie sur la chambre que leur regard peut parcourir. Un chronomètre, dont la seule aiguille fait le tour en deux minutes en marquant les secondes, est suspendu devant eux. A droite du rouleur qui écrit, se place celui qui doit le remplacer.

Aussitôt que le chronomètre indique l'expiration des deux minutes réglementaires, le deuxième rouleur prévient d'un mot ou d'un geste son collègue, qui se retire rapidement pour aller traduire ses notes sur un bureau disposé dans le couloir de la chambre. Le travail du roulement nécessitant dix sténographes, il a dix-huit minutes pour faire sa copie.

Les réviseurs sont installés dans les mêmes conditions que les rouleurs, mais à droite de la tribune. Ils sont au nombre de huit, et *prennent* pendant un quart d'heure sans désemparer.

Au fur et à mesure que les sténographes du roulement ont fini leur traduction sur feuillets détachés, numérotés de cinq en cinq, afin que leur classement par ordre soit possible, leur travail est livré aux réviseurs. Ceux-ci, relisant leur sténographie, vérifient l'exactitude du texte des rouleurs, comblent les lacunes, font disparaître les non-sens, les incorrections, et élaguent les répétitions dont les orateurs sont souvent trop prodigues. Les feuillets, ainsi revus, passent aux orateurs, qui peuvent corriger à leur tour une expression impropre ou une forme de phrase vicieuse.

C'est seulement après ce premier contrôle que la copie des rouleurs est livrée à l'impression. Dans la soirée, réviseurs et orateurs relisent une seconde, souvent une troisième fois, les discours sur épreuves, et le chef du service, avant d'autoriser le tirage, les analyse minutieusement, s'attachant principalement à donner à la séance sa véritable physionomie.

Maintenant, pourquoi ce fractionnement par deux minutes? Est-ce parce que le sténographe ne peut suivre la parole plus longtemps?

C'est là une erreur grossière, réfutée immédiatement par la présence des réviseurs qui prennent chacun par quart d'heure. Et d'ailleurs, il arrive parfois qu'un rouleur absent ou distrait laisse *tremper*, autre expression en usage dont on saisit facilement le sens, son prédécesseur au pupitre; alors celui-ci *prend* quatre, quelquefois six minutes de suite. Il *prendrait* de même une heure s'il le fallait ; tous les jours, la preuve en est fournie par la reproduction de plaidoiries, de conférences, de réunions.

La raison essentielle du fractionnement est autre, et sa simplicité frappera toute personne de bon sens. On divise la séance de cette manière, parce que vingt minutes après la clôture elle est recopiée, qu'une heure après elle peut être imprimée, qu'à minuit ou une heure le tirage du compte rendu *in extenso* est prêt à être effectué pour la vente du lendemain matin et l'envoi aux abonnés de province.

Il est reconnu qu'il faut consacrer à la copie des notes huit ou neuf fois le temps employé à les tracer. Si les rouleurs *prenaient* par quart d'heure, — et cela s'est fait après 1852, lorsque les séances n'étaient pas publiques, — leur copie ne serait terminée qu'après un travail de deux heures et quart à deux heures et demie, ce qui rendrait difficile, sinon impossible, par suite de la correction des réviseurs et des orateurs, le tirage en temps utile du *Journal officiel*.

On voit que la comparaison des sténographes avec douze ou quinze pianistes jouant « un morceau de musique d'un mouvement vif » est tout à fait inexacte, et que M. de Martinville ne s'est pas rendu compte de la cause capitale, unique, du fractionnement par deux minutes, c'est-à-dire la possibilité d'avoir, vingt minutes après la dernière parole prononcée, le compte rendu d'une séance ayant duré quatre ou cinq heures.

Cet auteur appuie en outre son opinion sur deux expériences dont nous parlions tout à l'heure, et qui sont les suivantes :

*Première expérience :*

« Qu'à vingt ou trente personnes (non sténographes) ayant une grande habitude de l'écriture, on dicte de suite un certain nombre de vers monosyllabiques, tels que les suivants :

Le jour n'est pas plus pur que le fond de mon cœur....
C'est dans le jeu qu'on voit les plus grands coups du sort...
Je sais ce que je suis. Je sais ce que vous êtes....

Pour être notés dans le système des *sigles*, c'est-à-dire en n'écrivant, mais d'une manière lisible, que la première lettre de chaque mot : je dis qu'il n'y aura peut-être pas le *quart* des expérimentateurs qui satisferont complétement au concours, et que sur les trois autres quarts, plusieurs n'iront pas même à la moitié des sigles qu'exige la dictée. »

*Deuxième expérience :*

Si, au lieu de sigles, on n'impose aux expérimentateurs d'autres conditions que celle de tracer autant de fois le même signe (abandonné tout à fait à leur choix, un trait quelconque, un accent, un point), mais en rangeant ces signes avec ordre et séparés comme le sont les mots dans l'écriture : je dis qu'à peine la moitié des concurrents satisferont au concours, et que dans l'autre moitié tous n'arriveront pas même à noter les deux tiers : je dis même que plus la dictée monosyllabique sera longue, plus s'augmentera la différence en moins entre le nombre des signes tracés et celui des mots dictés.

« Si donc il est si difficile de scander la parole avec le signe le plus exigu, avec un signe qui, affranchissant l'esprit de toute préoccupation, laisse à l'agilité de la main son plein exercice, comment admettre un instant, malgré toutes les assurances des sténographes, que chaque personne pourra suivre un orateur avec leurs signes alphabétiques ou phonétiques, qui exigent un tracé exact, et parmi lesquels il s'en trouve toujours de plus compliqués que nos lettres ordinaires ? »

La réponse à de pareilles objections est vraiment trop facile.

Où M. de Martinville a-t-il vu un orateur parler par monosyllabes ?

Comme il n'en existe pas, la base de ses expériences est fausse.

Cependant nous l'admettons, cette base, et nous contestons d'une manière absolue le résultat des épreuves.

Pour la première, si un quart des expérimentateurs, à l'aide des sigles dont ils ne peuvent avoir la pratique, suivent la parole, les sténographes, exerçant tous les jours, « ayant dans la main » les signes qu'ils tracent instinctivement, la suivront encore plus facilement, car les monosyllabes entiers sont souvent pour eux d'un tracé plus court que leur première lettre en écriture usuelle, et de plus ils peuvent les joindre.

Pour la seconde, ce n'est pas un trait par mot que l'on tracera, mais trois, quatre même, si la main est agile ; on peut s'en assurer en répétant les vers monosyllabiques cités, et en alignant des barres sur une feuille de papier lisse. Or, comme toutes nos lettres se composent de traits simples, on a deux, trois signes à écrire par mot prononcé.

Et d'ailleurs, nous le répétons, on ne parle pas par monosyllabes; certains mots longs à prononcer, comme *représentation*, *accidentellement*, permettent, pendant le temps qu'on emploie à les émettre, d'en écrire cinq ou six autres ; l'orateur est obligé pour se faire comprendre de ses auditeurs, pour respirer, de laisser des intervalles entre les mots, entre les phrases, entre les diverses parties de son discours : parfois il est interrompu par des applaudissements, du bruit ou des murmures ; souvent il se présente des répétitions, des longueurs, qu'il est possible, séance tenante, d'indiquer par un signe spécial.

Une expérience plus saisissante, plus juste que les précédentes, fera comprendre la possibilité de suivre la parole.

« Pour se convaincre que la main atteint la rapidité de la langue, on peut comparer l'exécution d'un musicien habile sur le violon avec celle du gosier le plus flexible, auquel il est impossible de rendre les passages les plus précipités, ou les *prestissimo*, avec la même vitesse que l'instrument.

« Cependant, que de difficultés à surmonter! quelle pratique, quelle habitude, quel ensemble, quel accord entre l'archet qui attaque la corde, et le doigt qui la touche précisément sur le point unique qui la fait résonner juste! quel art enfin avant d'arriver à cette exécution parfaite qui ravit l'auditeur et qui semble un jeu pour l'artiste! »

Nous conclurons donc qu'avec des signes simples, un bon système d'abréviations et une certaine pratique, il est possible de suivre la parole et de reproduire un discours, bien que l'élocution de l'orateur ait été rapide.

La première de toutes les abréviations, la plus facile à effectuer, consiste dans la suppression des points assignés aux voyelles nasales et des barres transversales des consonnes.

Lorsque nous avons exposé les règles de l'orthographe sténographique, nous avons indiqué le peu de différence qu'il y a entre les voyelles simples et les nasales, ainsi qu'entre les articulations fortes et les faibles. Cette différence, comme nous l'avons dit, n'existe pas pour certaines personnes, pour certains peuples qui les confondent toujours en parlant (les Allemands par exemple, en ce qui concerne les consonnes), et elle est supprimée dans la sténographie cursive.

On lira aisément proposition dans *propositio*, action dans *actio,* clairvoyant dans *clervouaia,* tribun dans *tribeu,* combinaison dans *cobineso,* etc., surtout aidé par le sens de la phrase qui est un levier tout-puissant.

Si un mot écrit de cette manière ne peut être traduit immédiatement, on le prononce en nasalant toutes les syllabes les unes après les autres, ce qui donne nécessairement l'expression juste.

La mémoire et surtout la pratique aplanissent rapidement les quelques obstacles que présente ce premier mode d'abréviation, qui atteint la moitié des mots de la phrase.

On peut, afin de faciliter les débuts, n'élaguer tout d'abord que les points des nasales pour passer ensuite aux consonnes lorsqu'on est habitué à relire ses notes privées de points.

Il est à remarquer que le retranchement indiqué s'opère d'une manière presque instinctive, lorsqu'on écrit rapidement, de même qu'en traçant les caractères usuels on oublie de pointer les *i* et de barrer les *t*.

La sténographie exacte permet de rendre rigoureusement tous les sons et toutes les articulations de la langue, en quadruplant la vitesse de la notation usuelle ; mais lorsqu'il s'agit d'atteindre la rapidité de l'élocution, il y a lieu d'éliminer une partie de cette écriture, partie qui n'est pas absolument essentielle pour la reproduction du discours sténographié, et à laquelle suppléeront tout à la fois la mémoire l'intelligence du sujet traité et la pratique.

On peut ainsi retrancher la voyelle *é* dans l'intérieur des mots, et écrire :

père, mère, frère, net, tête,

cette, serre, fève, intéressé, cadette,

éliminer *eu* en l'assimilant à l'*e* muet, dont le son est à peu près analogue, mais dans le corps des monogrammes seulement :

seul, douleur, peureuse, leur,

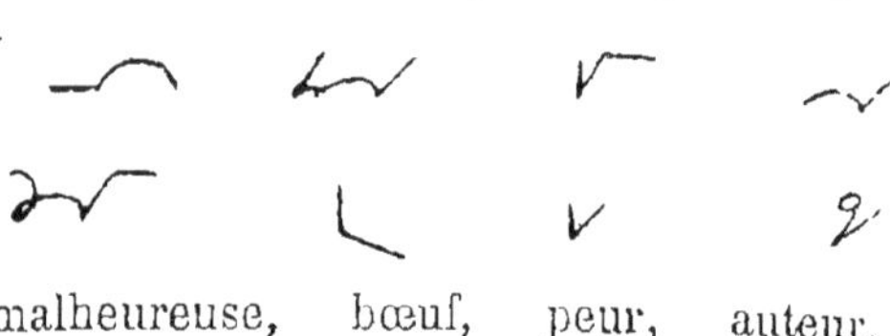

malheureuse, bœuf, peur, auteur,

supprimer *é* au commencement de certains mots d'un usage fréquent :

écrevisse, espérance, écrire,

étude, établi, économie,

ne reproduire qu'une seule voyelle lorsque deux se suivent ; mais en faisant choix de celle qui sonne principalement à l'oreille :

réel, lui, lumière, naïf

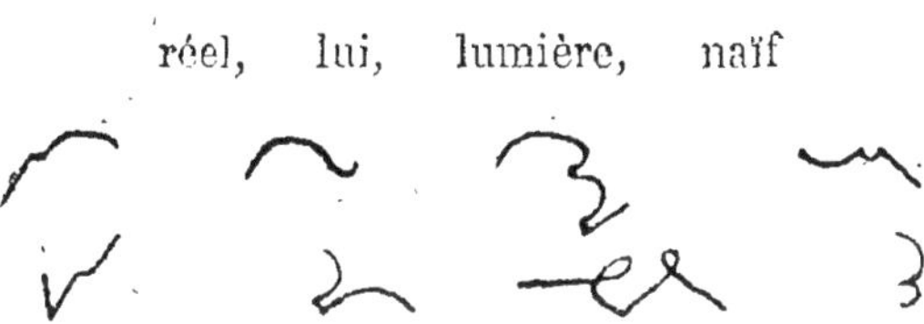

prière, miel, géographe, mieux.

On élaguera également toutes les voyelles, sauf une ou deux au plus, quand plusieurs se succèdent dans le même mot :

royaume, loyal, moyenne,

voyons, voyage, noyé,

et on supprimera toutes les voyelles dans l'intérieur de quelques mots souvent usités, dont la forme sténographique ne donne pas lieu à confusion :

voilà, naissance, chose, manque,

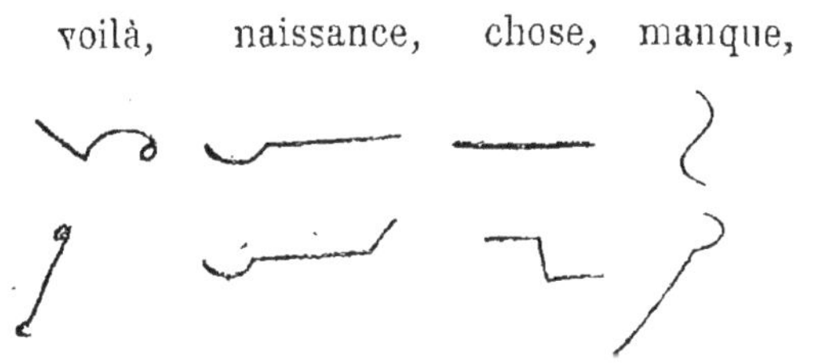

entendre, nécessaire, espèce, multitude.

Les procédés d'élimination indiqués pour les voyelles seront employés de même pour les consonnes.

On supprimera ainsi : c, l, r, à la fin des mots, toutes les fois que le sens n'en sera pas sensiblement altéré ; c, r, l, p, et en général les consonnes les moins importantes, quand plusieurs se suivent dans l'intérieur d'un monogramme :

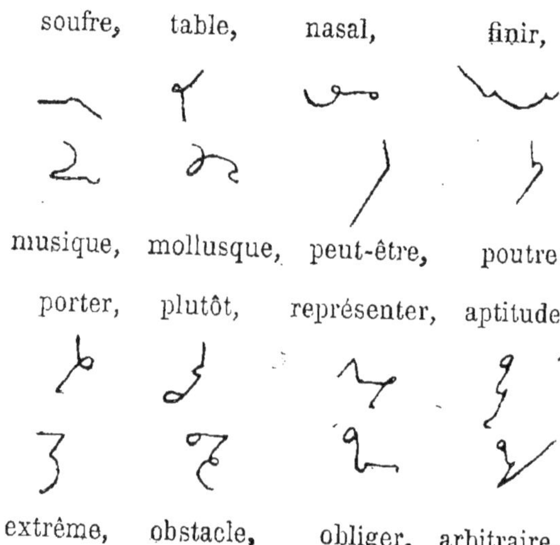


Quelques auteurs, poussant le principe des liaisons à l'extrême, unissent les mots par six ou sept, joignant sujets, verbes et compléments, tout en les abrégeant par divers procédés analogues à ceux que nous avons indiqués.

En reconnaissant l'utilité d'assembler parfois plusieurs mots en un seul monogramme lorsqu'on peut le faire sans crainte de nuire à la clarté du texte, nous croyons qu'on ne doit employer ce procédé qu'avec une certaine réserve.

Le principal inconvénient qu'il présente est l'écartement des signes de la ligne d'écriture et le déplacement de la main. On en jugera par ces vers de la fable du renard :

Ce que l'on gagne en vitesse à l'aide de ce moyen est perdu par suite de l'obligation de reproduire la plus grande partie des voyelles et des consonnes afin de rester lisible.

Toutefois, il est *possible* d'unir les mots joints par un trait d'union ou marchant ordinairement ensemble :

arc-en-ciel, tête-à-tête, jeune homme, pêle-mêle,

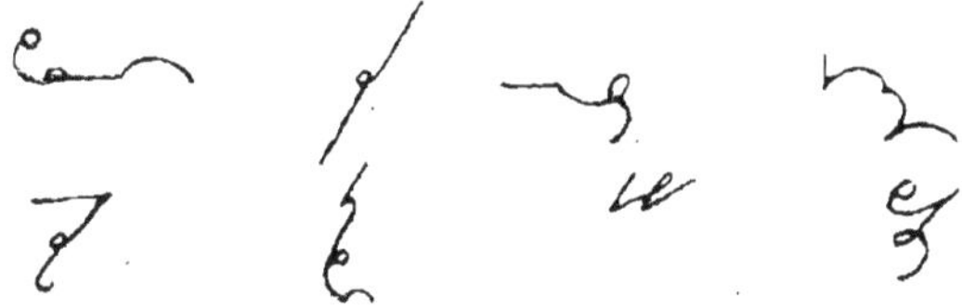

c'est-à-dire, tout à coup, terre à terre, honnête homme,

de joindre les pronoms aux verbes ainsi que les deux pronoms précédant les verbes réfléchis :

je veux, je prends, il faut,

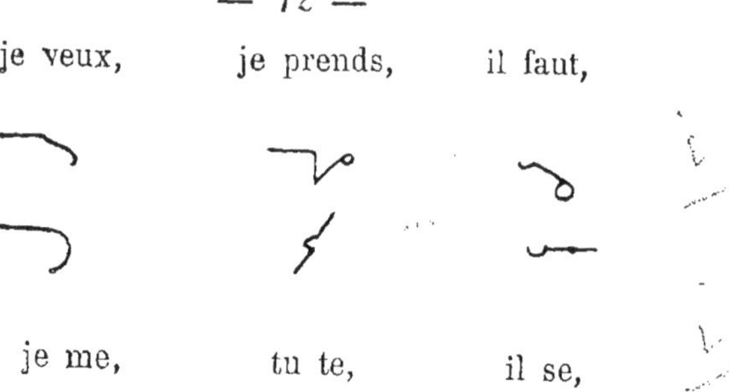

je me, tu te, il se,

de lier la préposition *de* toujours annoncée par le sujet, le verbe ou autre terme qui la régit, avec le mot qui doit la suivre :

l'ami de l'homme, article de Paris,

de réunir de même au mot suivant les articles *le, la, de, à, au,* la conjonction *et,* la disjonctive *ou,* les monosyllabes *que, qui, en, dans,* etc.

le roc, la statue, en présence.

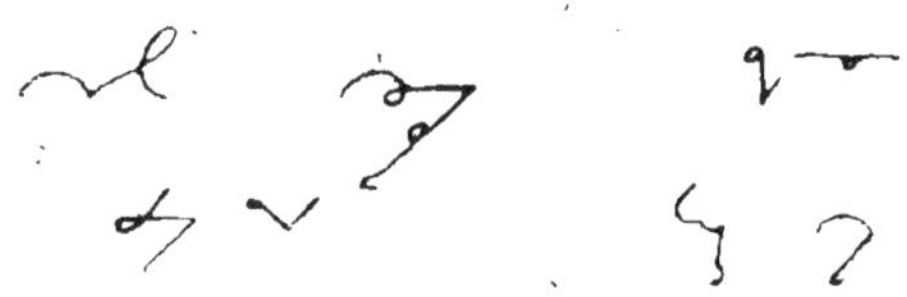

dans cette affaire, qui peut le dire.

Les règles précédemment énoncées sont résumées dans l'exemple suivant, que nous faisons suivre de sa traduction :

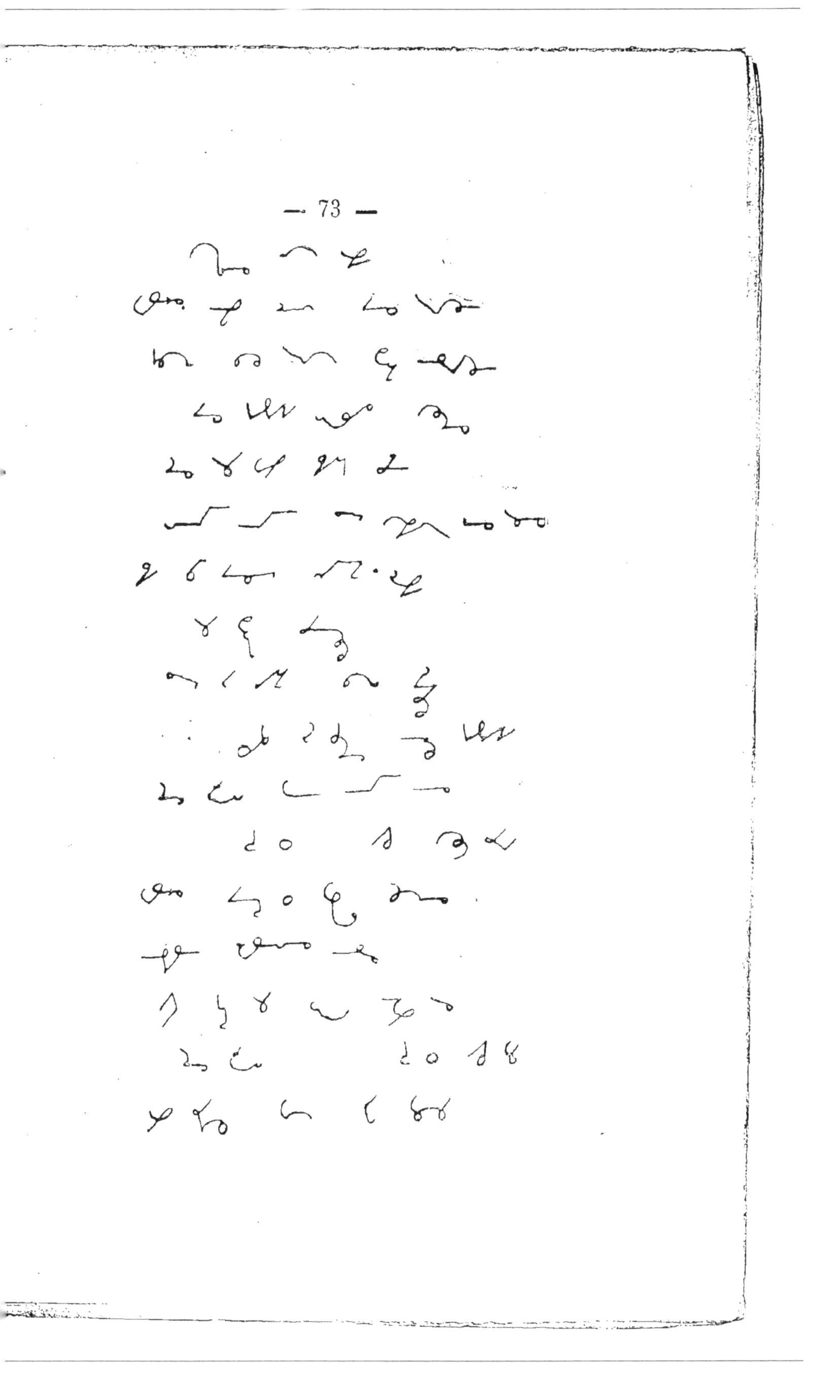

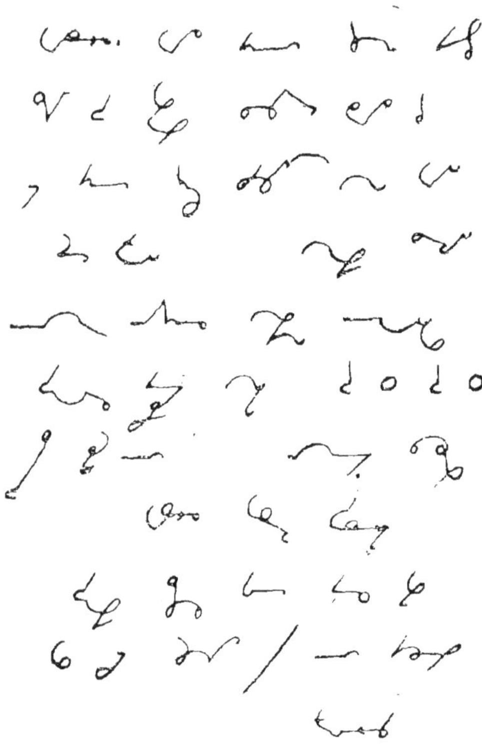

LE PAYSAN ET LE NOTAIRE.

Gros-Jean sortit un jour de son village
Pour aller à la ville acquitter son fermage.

De son propriétaire ignorant la maison,
Maison fort grande, à triple étage,
Il cherche, cherche, enfin la trouve et sans façon

Entre au rez-de-chaussée où restait un notaire
Fort occupé dans ce moment
Avec des héritiers à lire un testament.

— Pardon, mes bons messieurs, c'est mon propriétaire
Monsieur Denis, que je cherche céans.
— Plus haut! répond l'homme d'affaire.
Gros-Jean de ce plus haut comprenant mal le sens
S'approche, et grossissant sa voix,
Répète bien plus fort une seconde fois :
— Monsieur Denis! — Plus haut! répond encore
Notre tabellion que le dépit colore.
Gros-Jean, croyant toujours parler trop bas
Auprès du garde-notes alors vient à grands pas
Et de tous ses poumons dans l'oreille lui crie :
— Monsieur Denis! — Le notaire en furie
Se lève, et repoussant loin de lui ce nigaud,
D'une voix de Stentor lui dit : — Plus haut! plus haut!
Entends-tu? maudit sourd! et le jette à la porte.

Gros-Jean confus, déconcerté,
Du notaire en partant, disait de son côté :
— Qu'on est donc malheureux d'être sourd de la sorte.

GUICHARD.

---

## VII

### STÉNOGRAPHIE CURSIVE.

Désinences. — Substantifs et adjectifs. — Articles. — Pronoms. — Verbes. — Adverbes. — Augmentatifs et diminutifs. — Répétitions et oppositions. — Abréviations par contraction. — Initiales. — Signes arbitraires. — Doubles consonnes. — Numération. — Exemple.

Dans l'écriture usuelle, on est habitué en prenant des notes à supprimer les dernières syllabes de certains mots assez longs pour que la lecture des premières lettres en rétablisse le sens. Il est naturel que le même procédé soit employé en sténographie, et que les praticiens en aient régularisé l'usage.

Le mode d'abréviation par désinence consiste à donner en général deux acceptions aux lettres finales des mots les plus composés; la première est toujours celle de la lettre, la seconde celle de l'abréviation.

Les mots longs sont décomposés en deux parties distinctes : la racine, la désinence.

Autant que possible, on doit ramener la racine à sa plus simple expression. La désinence, partie variable du mot, est figurée par une lettre jointe à la racine.

Le substantif *agriculture* par exemple sera ainsi divisé : *agr.-iculture.*

*agr.*, racine, est écrit en totalité, *iculture*, dési

nence, est remplacé par la lettre *u* assignée aux terminaisons en *ture*, *iture*, et analogues.

Les syllabes finales sont presque toujours représentées par la consonne ou la voyelle qui les termine ; la mémoire, le signe et le son qu'il rappelle concourent donc pour en faciliter la lecture.

P — *ible*, *able* (adjectif passif désignant tout ce qui est susceptible de devenir ou de recevoir l'action du verbe) :

vitrifiable, admissible, cristallisable,

réalisable, incompréhensible, destructible,

T — *ude*, *tude*, *itude* et analogues :

servitude, lassitude, inquiétude,

longitude, latitude, mansuétude.

R — *are*, *oire*, *itoire*, *atoire* (adjectif actif se disant des choses) :

préparatoire, contradictoire, diffamatoire.

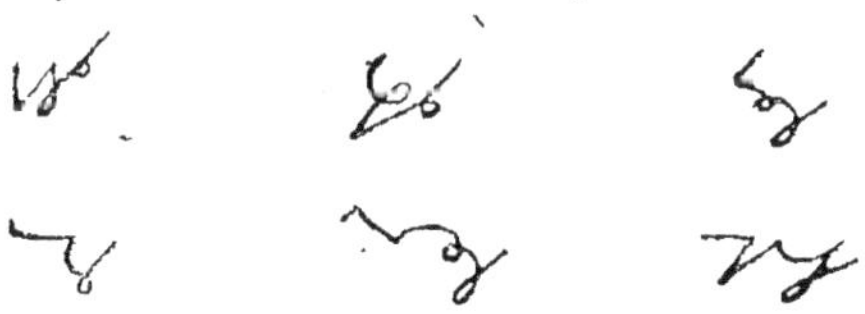

exécutoire, inflammatoire, sternutatoire.

F — *phe, if, atif, aphe, graphe*, et analogues :

paragraphe, sténographe, tachygraphe,

administratif, paléographe, abréviatif.

S — *iste, liste, ialiste* :

spécialiste, matérialiste, journaliste,

socialiste, criminaliste, archiviste.

C — *que, ique, atique* (adjectif se rapportant à la science).

astronomique, minéralogique, pathologique,

barométrique, géométrique, mathématique.

M — *ime, isme, alisme*, et analogues :

matérialisme, patriotisme, socialisme,

communisme, journalisme, calvinisme.

O — *ion, sion, ation, ition, iction* (substantif dérivé du verbe actif).

préparation, séparation, herborisation,

compression, organisation, abréviation.

8. *ification.*

pacification, signification, unification,

vérification, mystification, notification.

Eu — *eu, eux, eur, teur, ateur*, etc.

agriculteur, préparateur, vérificateur,

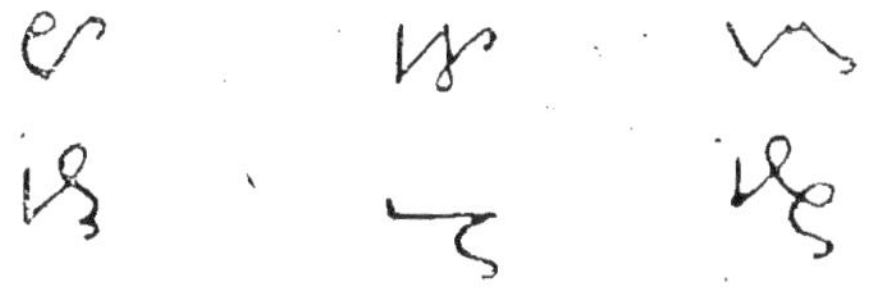

promoteur, exécuteur, provocateur.

I—*fie, phie, mie, nomie, graphie, logie*, et analogues.

astronomie, anatomie, géographie,

sténographie, physionomie, orfévrerie.

U — *ure*, *ture*, *ature*, *iture*, etc.

manufacture, agriculture, armature,

nomenclature, horticulture, pisciculture.

E — *en*, *ein*, *atien*, *icien* et analogues.

mécanicien, mathématicien, pharmacien,

académicien, nécromancien, polytechnicien.

*Point au-dessus du mot.* — *ment*, *ablement*, *ièmement* *issement* (terminaison adverbiale en général).

spirituellement, paternellement, délicieusement,

machinalement, douloureusement, nécessairement.

*Point au-dessous du mot.* — *té*, *leté*, *lité*, *bilité* (substantif dérivé de l'adjectif exprimant une qualité).

paternité, maternité, monstruosité.

spécialité, humanité, paternité.

Dans le but de pousser les abréviations à leurs dernières limites, M. de Prépéan a considéré les substantifs et les adjectifs sous plusieurs rapports :

Comme représentant les objets ou les sujets tels qu'ils existent dans leurs principes ;

Comme désignant des qualités ou des propriétés ;

Comme agissant d'une manière active ;

Comme supportant ou souffrant l'action ;

Comme indiquant l'auteur ou la cause de l'action ;

Comme ayant trait à une science ou à un art ;

Puis, les réduisant au radical le plus simple, il a déterminé leur nature par une ligne droite, verticale ou oblique, placée soit au-dessus soit au-dessous de la racine.

1re classe. — État.

*Substantifs.* Trait vertical au-dessous du mot.

amertume, lassitude, certitude.

*Adjectifs.* Trait vertical au-dessus de la racine.

blanchâtre, verdâtre, sulfureux.

Les signes abréviatifs de la première classe s'adaptent à toute espèce de réduction du substantif et de l'adjectif et peuvent à la rigueur suppléer tous les autres.

2e classe. — Qualité.

*Substantifs* (en général tout nom tiré de l'adjectif).

régularité, sensibilité, cordialité.

*Adjectifs* (désignant tout ce qui peut devenir, ce qui peut être fait; terminaisons en *able*, *ible*).

ossifiable, pardonnable, pénible,

3e classe. — Action.

*Substantifs* dérivés du verbe actif, terminés en *ion*, *ment* ou *age*.

frémissement. blanchissage, savonnage.

*Adjectifs* formés du participe actif.

approfondissant, herborisant, clarifiant.

4e classe. — Acteur.

*Substantifs* indiquant celui ou celle qui fait l'action.

pacificateur, vérificateur, blanchisseuse.

Le même signe, ajouté aux noms de science ou d'art, désigne celui qui les cultive.

minéralogiste, patissier, ébéniste.

Adapté au nom de secte ou de doctrine, de charge ou de dignité, de commerce, de fruits, il indique le partisan, le dignitaire, le fabricant ou marchand, l'arbre qui produit.

dignitaire, manufacturier, marronnier.

*Adjectifs* se rapportant aux personnes et aux objets qui font l'action.

justificatif, dérisoire, négatif.

5e classe. — Acte.

*Substantifs*, produit de l'action.

créature, brûlure, manufacture.

*Adjectifs*, effet de l'action, participe passif.

justifié, donataire, herborisé.

6e classe. — Science.

*Substantifs* désignant une science, un art, une industrie ou une doctrine.

ébénisterie, christianisme, ostéologie.

*Adjectifs* se rapportant aux sciences et aux arts.

minéralogique, sulfurique, astronomique.

L'emploi des désinences et celui des signes terminatifs des substantifs et des adjectifs, qui ne s'excluent pas mutuellement donnent de puissants moyens d'abréviation qu'il ne faut pas négliger. Toutefois, nous croyons que l'usage des signes-désinences doit être préféré autant que possible pour deux motifs : le premier, parce que la désinence, plus caractéristique, est plus facile à retenir et à relire ; le second, parce que le monogramme s'écrit sans lever la plume, la désinence se joignant à la racine. Or, il y a toujours bénéfice pour la rapidité à écrire un mot peut-être un peu long d'un seul trait, au lieu de le tracer en deux parties différentes, plus courtes dans leur ensemble, mais nécessitant deux levées de plume au lieu d'une seule.

On abrégera les articles *le, la, les, de, du, des,* en ne reproduisant que leur première lettre *l, d,* le sens de la phrase indiquant presque toujours suffisamment si l'article est au singulier ou au pluriel, du masculin ou du féminin.

*Un*, *une*, sorte d'article, seront exprimés par le point sur la ligne d'écriture.

Quelques auteurs conseillent d'éliminer l'article devant les noms communs; nous croyons cette suppression dangereuse, surtout lorsque l'orateur traitera des questions abstraites ou qu'il sera diffus. On peut alors commettre, de cette manière, les non-sens les plus étonnants, faire les confusions les plus étranges, et nous repoussons ce moyen que nous considérons comme plus séduisant qu'utile.

Nous nous bornerons, en écartant toute discussion grammaticale, à distinguer les pronoms en personnels, possessifs, démonstratifs et conjonctifs.

Les pronoms personnels, tenant lieu de la personne ou de la chose, sont : *je*, *me*, *moi*, *tu*, *te*, *toi*, *il*, *elle*, *se*, *soi*, *nous*, *vous*, *ils*, *elles*, *eux*, *se*, *leur*.

Tous, excepté *elle*, *elles*, *leur*, seront remplacés en sténographie cursive par leur première lettre.

*Elle*, *elles* s'écriront *l* de même que l'article *le*. La distinction sera facile à faire : *le*, article, est toujours suivi d'un substantif qui le détermine; le même signe devant un verbe est toujours un pronom.

*Leur*, pour éviter toute confusion, s'écrira *lr*.

Les pronoms possessifs forment deux classes tout à fait distinctes :

La première comprenant ceux qui sont toujours

suivis d'un substantif : *mon, ton, son, mes, tes, ses, notre, votre, leur, nos, vos, leurs.*

La seconde, ceux qui n'en sont jamais suivis : *le mien, le tièn, le sien, le nôtre, le vôtre, le leur, les miens, les tiens, les siens, les nôtres, les vôtres, les leurs.*

La première classe, excepté *leur*, sera réduite à la lettre initiale; la seconde, sans excepter *le leur*, aux initiales de l'article et du pronom réunies.

Ce livre est-il à vous ? — Oui, c'est le mien.

Cet habit est meilleur que le tien.

Les pronoms démonstratifs *celui, celle, ceux, celles, celui-ci, celle-ci, ceci, cela,* peuvent être abrégés comme il suit, soit par élimination des voyelles, soit par contraction.

celui, celle, ceux, celui-ci, ceci, celà.

Quant aux pronoms conjonctifs, *qui, qūe, quoi, lequel, laquelle, lesquels,* on les réduira, les trois premiers à leur lettre initiale, les trois derniers à la lettre *c*, pointée inférieurement.

De ces trois objets lequel préférez-vous ?

Dans laquelle de ces boîtes est ma bague ?

Pour les verbes *avoir* et *être*, écartant le système qui consiste à figurer les temps par un seul signe pour chacun d'eux, le pronom indiquant seul la personne, nous avons adopté, comme plus facile à employer, un mode de représentation uniforme, consistant dans la reproduction du pronom précédent, auquel sont jointes soit la première soit les deux premières lettres du verbe.

Verbe *avoir*.

J'ai, tu as. . . . . .

J'avais. . . . . . . .

J'eus. . . . . . . . .

J'aurai, j'aurais. .

J'aurai eu. . . . . .

Que j'aie . . . . . .

Que j'eusse. . . . .

Que j'aie eu. . . . .

Avoir, avoir eu. . .

. . . . . . . . . . . .

Verbe *être*.

Je suis, tu es. . . .

J'étais. . . . . . . .

Je fus. . . . . . . .

J'avais été. . . . .

Je serai. . . . . . .

J'aurai été. . . . .

Que je sois. . . . .

Que je fusse. . . .

Que j'aie été. . . . .

Être, avoir été,
ayant été. . . . . . . . . . . . . . . . . . . .

Comme les élèves, arrivés à ce point, n'ont plus à recevoir que des conseils et qu'à faire choix du procédé qui leur plaira le plus, nous allons les initier, afin de les mettre à même de se prononcer, au système de M. de Prépéan.

Le tableau suivant suffira pour cela.

Le même signe sert à désigner les deux verbes ; il se trace au-dessous pour *être*, au-dessus pour *avoir*.

Il est invariable pour chaque temps : le pronom seul change selon la personne.

prés. - imparf. - parf. déf. - futur abs. - conditionn.

impér. -prés. subj. - imparf. - inf. prés. - part. act.

Verbe *avoir*.

n. avons, n. avions, n. eûmes, n. aurons, n. aurions.

ayons, q. n. ayons, — q. n. eussions, avoir, — ayant.

n. avons eu, n. avions eu, n. eûmes eu, n. aurons eu.

n. aurions eu, q. n. ayons eu, q. n. eussions eu, avoir eu, eu — ayant eu.

Verbe *être*.

n. sommes, n. étions, n. fûmes, n. serons, n. serions.

soyons, q. n. soyons, q. n. fussions, être, étant.

n. avons été, n. avions été, n. eûmes été, n. aurons été,

n. aurions été, q. n. ayons été, q. n. eussions été, avoir été, ayant été.

La boucle jointe au trait indique la négation.

nous ne sommes pas, nous n'avons pas été.

Les verbes en général se réduisent à leur racine, et le temps est rappelé par le signe à lui spécial.

nous aimerions, nous purifierons, clarifier,

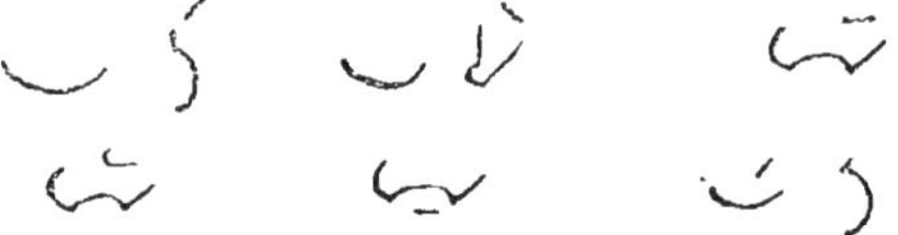

clarifiant, être clarifié, nous aurions aimé.

Les adverbes de *manière* dérivés de l'adjectif n'ont qu'une seule terminaison, celle en *ment*. Le signe donné au tableau des désinences leur sera appliqué.

Parfois, l'adverbe formé de l'adjectif est rejeté par l'euphonie, et remplacé par une locution dont le son est plus doux à l'oreille. On ne dit pas *ravissamment*, par exemple, mais *d'une manière ravissante ; affablement*, mais *avec affabilité*.

On exprimera les mots d'*une manière* par leurs premières lettres jointes, et l'adjectif suivant par sa racine.

*Avec* sera rendu par un *f* au-dessus de la ligne d'écriture ; le substantif, que cette préposition précède, se réduira également au radical.

Il parle avec affabilité et d'une manière ravissante.

Il a agi avec calme et d'une manière remarquable.

Les *augmentatifs*, souvent caractérisés par le mot grec *archi*, et les diminutifs, peuvent être représentés en sténographie cursive, les premiers par un trait horizontal au-dessus du radical, les seconds par le même trait au-dessous.

généralissime, archevêque, sérénissime,

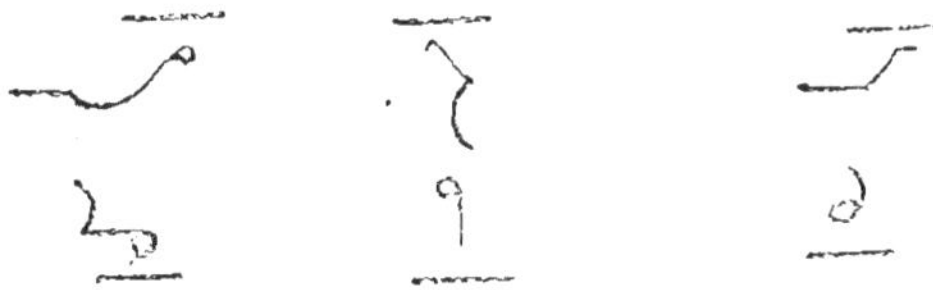

maisonnette, arbrisseau, monticule.

Nous diviserons les répétitions en deux classes : les répétitions *immédiates*, les *relatives*.

Les répétitions *immédiates*, c'est-à-dire celles des mots ou des phrases qui se suivent sans être séparés par aucun terme, seront indiqués par deux traits horizontaux, parallèles, au-dessus de la ligne d'écriture.

Est-il instruit? — Oui, *il est instruit.*

Je le veux dès à présent, *je le veux dès à présent,* vous dis-je.

Les répétitions *relatives*, ou celles d'articles, de pronoms, d'adverbes, de prépositions, séparés par le nom qu'ils modifient ou régissent, étant suffisamment rappelées par le sens, on se bornera à reproduire le premier de ces mots, et on supprimera les suivants :

Il est *sans* talent, *sans* fortune et *sans* amis.

Il n'a *ni* parents, *ni* amis, *ni* protecteurs.

Quelquefois, un membre de phrase ou une phrase entière sont répétés, mais avec un sens contraire ; la seconde phrase bien que la répétition presque textuelle de la première, lui forme opposition, par l'adjonction de la négation ; afin de la désigner, on tracera deux lignes parallèles horizontales au-dessous de la ligne d'écriture.

Est-il coupable? — Non, *il n'est pas coupable.*

Tantôt il veut, *tantôt il ne veut pas.*

Voici un exemple ou se trouvent plusieurs cas de répétitions :

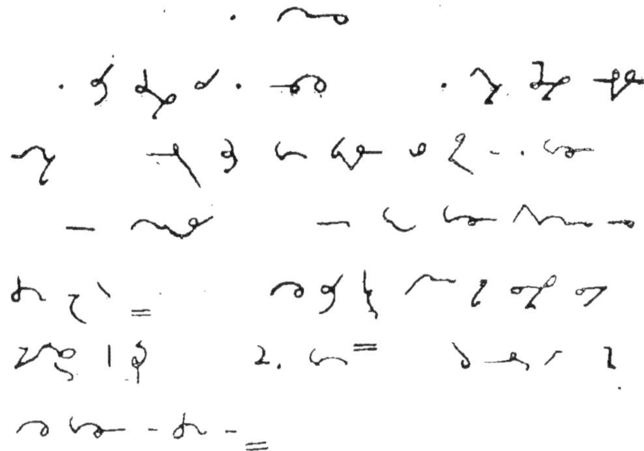

Traduction :

*Une leçon.*

Une dame bavardait dans un salon. Un invité, impatienté, s'approche et lui dit : « Savez-vous, madame, quelle différence il ý a entre vous et une glace?

— Je l'ignore.

— C'est qu'une glace réfléchit sans parler *et que vous parlez sans réfléchir.* »

La dame, piquée, rougit et dit à son tour à cet interlocuteur peu aimable : « Monsieur, quelle différence y a-t-il entre *vous et une glace?* vous n'en savez rien ? Eh bien, la glace est polie et *vous ne l'êtes pas.* »

Certains mots d'un usage fréquent et d'une forme monogrammatique assez remarquable pour qu'à la lecture on en retrouve le sens sans hésitation, seront abrégés par contraction ; on n'écrira que leurs premières et leurs dernières lettres, ou les plus caractéristiques parmi celles qu'ils renferment.

En voici quelques exemples :

ridicule, seulement, principalement,

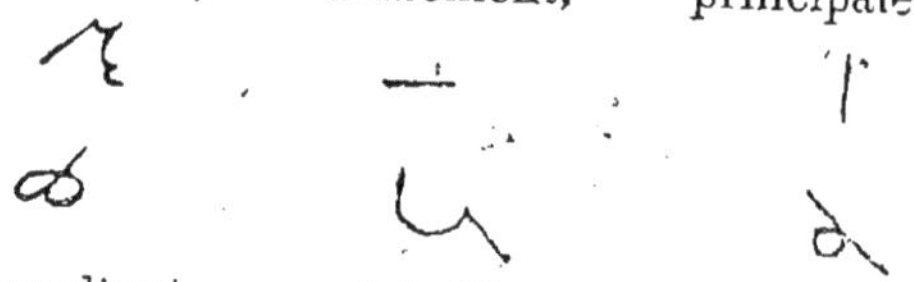

extraordinaire, bénéfice, philosophe,
malgré, par exemple, sans doute,

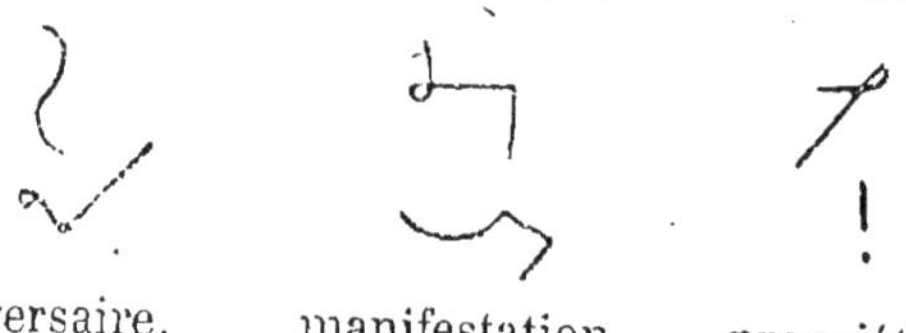

adversaire, manifestation, propriété,
liberté, de plus en plus, quelquefois,

en quelque sorte, par conséquent, vainement,

Il est possible de représenter certains autres termes par le mode pratiqué dans l'écriture ordinaire, lequel consiste à exprimer les premières lettres et la terminaison. Le sténographe, aidé par le sens et par la mémoire, se contentera d'écrire la lettre initiale et la finale ou la désinence. On ne doit cependant user que rarement de ce procédé et ne l'appliquer qu'aux mots les plus familiers, les plus difficiles à tracer, et dont l'interprétation est facilitée par le sens des idées.

rapporteur, susceptible, administration,

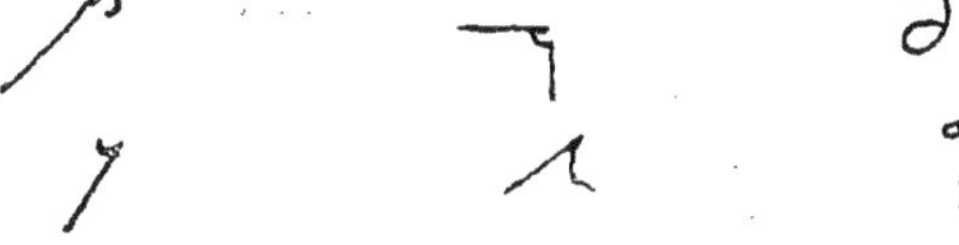

immédiat, république, administrateur.

Quelques mots seront remplacés par leur initiale seule, ou leur finale, placée au-dessus ou au-dessous de la ligne d'écriture.

personne, public, militaire, considérable,

question, singulier, utile, inutile, absolu,

favorable, habituel, difficile, politique,

On aura aussi recours à des signes arbitraires aussi simples que possible, tracés également soit au-dessus soit au-dessous de la ligne, ou même sur celle-ci, lorsqu'il n'y aura pas d'ambiguïté.

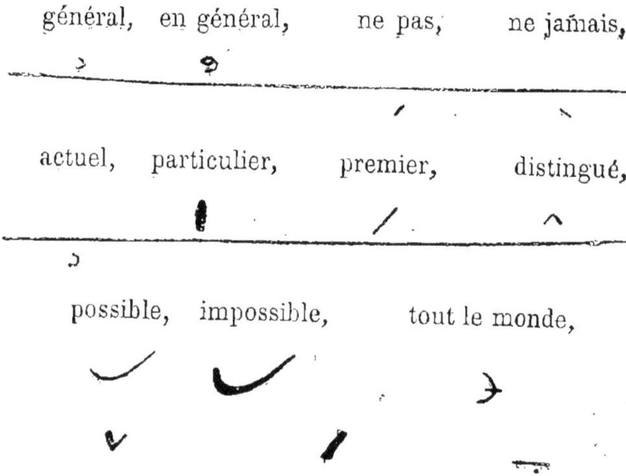


Comme nous l'avons dit précédemment, un auteur, M. Patey, a tenté de réduire les monogrammes à leur plus simple expression à l'aide de signes doubles-consonnes et triples-consonnes. En laissant de côté l'exagération du principe, c'est-à-dire les triples-consonnes et l'application des doubles-consonnes à tous les mots sans distinction, on retirera un véritable bénéfice, en ce qui concerne la rapidité de l'écriture, à l'employer d'une manière restreinte et pour les termes les plus usités.

On admet d'abord que la même lettre courbe, doublée, représente deux lettres analogues, comme les droits se rencontrant par suite de la suppression de l'*e* muet.

quelque, même, naine,

Étendant ensuite la signification des traits courbes ou droits doublés, on les applique à deux consonnes différentes séparées par une voyelle que l'on élimine.

cm, — tm, — lm, rm, — um, mn,

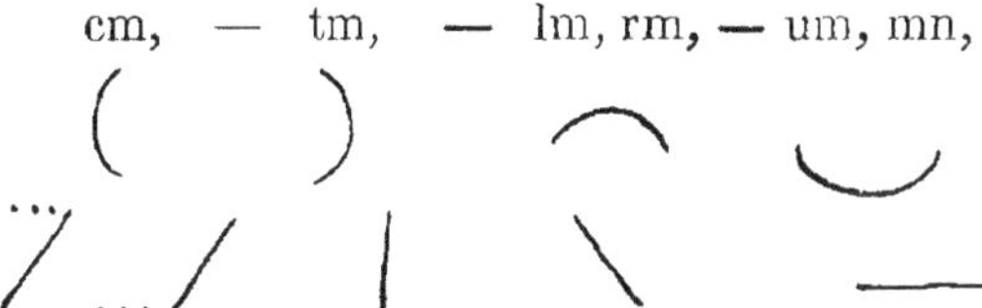

tp, — rp, — mp, — rf, — sp, — ch, b, etc.,

L'usage de ces signes, joints aux désinences, permet d'obtenir des monogrammes d'une réduction de forme remarquable.

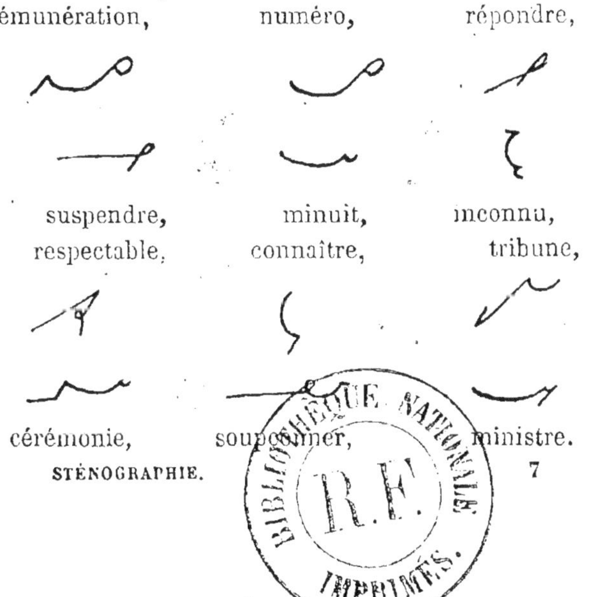


BIBLIOTHÈQUE NATIONALE
R.F.
IMPRIMÉS

Nous avons évité, dans la sténographie exacte, d'indiquer un mode d'écriture abréviative des nombres, pensant que les chiffres arabes étaient suffisants pour atteindre la vitesse de l'élocution. Toutefois, ne voulant rien négliger de ce qui a trait à l'art sténographique, nous donnons ci-après les systèmes de MM. Bertin, de Prépéan, Cadrès Marmet et Roby. Les élèves qui désireront pratiquer l'un d'eux de préférence aux chiffres feront leur choix en connaissance de cause.

Numération de Bertin.

1. 2. 3. 4. 5. 6. 7. 8. 9. 0.

30. 530. — 67. 567. — 360. — 456. — 500,100

Numération de Prépéan.

1. 2. 3. 4. 5. 6. 7. 8. 9. 0.

ou :

cent, mille, million, billion.

« Les chiffres composés s'emploient dans la liaison, suivant la plus grande facilité du contour, et de manière à prévenir la déformation. »

Chiffres de Cadrès Marmet.

1. 2. 3. 4. 5. 6. 7. 8. 9. 0.

456. — 789. — 1029. — 123. — 7777.

« Une boucle indique la répétition du chiffre précédent. »

Signes de M. Roby.

1. 2. 3. 4. 5. 6. 7. 8. 9. 0.

1830. — 268.—435.—456.

Le zéro se trace en descendant ou en montant de même que 1.

« Les chiffres pairs sont représentés par les grandes courbes, les impairs par les petites. »

Les nombres se divisent par tranches de trois chiffres et se soulignent, s'il y a lieu, pour éviter toute confusion.

Le système d'abréviations numérales de M. de Prépéan étant le seul complet, parmi ceux que nous avons cités, nous allons l'exposer le plus rapidement possible.

Le nombre ordinal est abrégé en ajoutant au radical le signe de l'adjectif, c'est-à-dire un trait vertical au-dessus de la racine :

premier, troisième, quatrième.

L'adverbe dérivé du nombre ordinal est figuré par un trait horizontal (signe de l'adverbe dans cette méthode) au-dessus du nombre radical :

premièrement, troisièmement, quatrièmement

Lorsqu'un chiffre radical est suivi du mot fois, ce dernier est figuré par la lettre *f* tracée au-dessous du nombre.

première fois, troisième fois, quatrième fois.

On abrége aussi :

Les nombres *multiplicatifs, triples, quadruples,* par le signe des adjectifs terminés en *able, ible ;*

L'adverbe formé du nombre *multiplicatif, doublement, triplement,* par le trait horizontal (marque de l'adverbe) mais doublé ;

Les nombres *collectifs*, *une douzaine*, *une trentaine*, par une ligne courbe le radical.

Nous donnerons, pour terminer un exemple un peu long, que nous faisons précéder de sa traduction en langue vulgaire. Cet exemple est tiré des *Lettres de mon moulin*, que M. Alphonse Daudet a publiées dans le *Figaro* il y a environ deux ans.

L'INSTALLATION.

« .......Comment voulez-vous que je le regrette, votre Paris bruyant et noir? Je suis si bien dans mon moulin; c'est si bien le coin que je cherchais, un petit coin parfumé et chaud à mille lieues des journaux, des fiacres, du brouillard. Et que de jolies choses autour de moi! Il y a à peine huit jours que je suis installé. J'ai déjà la tête bourrée d'impressions et de souvenirs. Tenez, pas plus tard qu'hier soir, j'ai assisté à la rentrée des troupeaux dans un mas qui est au bas de la côte, et, je vous jure que je ne donnerais pas ce spectacle pour toutes les premières que vous avez eues à Paris cette semaine. Jugez plutôt.

Il faut vous dire qu'en Provence c'est l'usage, quand viennent les chaleurs, d'envoyer le bétail dans les Alpes. Bêtes et gens passent quatre ou cinq mois là-haut logés à la belle étoile, dans l'herbe jusqu'au ventre; puis, aux premiers frissons de l'automne, on redescend au mas et l'on revient brouter bourgeoisement les petites collines grises que parfume le romarin.

Donc, hier soir, les troupeaux rentraient. Depuis le matin, le portail attendait ouvert à deux battants; les bergeries étaient pleines de paille fraîche; d'heure en heure on se disait: «Maintenant, ils sont à Éguières; maintenant au Pardon. »

Puis tout à coup, vers le soir, un grand cri: les voilà! et là-bas au lointain, nous voyons le troupeau s'avancer dans une gloire de poussière. Toute la route semble marcher avec lui! Les vieux béliers viennent d'abord, la corne en avant, l'air sauvage; derrière eux, le gros des moutons, les mères un peu lasses, leurs nourrissons dans les pattes; les mules aux pompons rouges, portant dans des paniers les agnelets d'un jour qu'elles bercent en marchant; puis les chiens tout suants, avec des langues jusqu'à terre et deux grands coquins de bergers drapés dans des manteaux de cadis roux qui leur tombent sur les taonls comme des chapes.

Tout cela défile devant vous joyeusement et s'engoufre sous le portail en piétinant avec un bruit d'averse. Il faut voir avec cela quel émoi dans la maison, Du haut de leurs perchons, les gros paons vert et or! à crête de tulle, ont reconnu les arrivants et les accueillent par un formidable coup de trompette. Le poulailler qui s'endormait se réveille en sursaut; tout le monde est sur pied, pigeons, canards, dindons, pintades. La basse-cour est comme folle ; les poules parlent de passer la nuit. On dirait que chaque mouton a rapporté dans sa laine un peu de cet air vif des montagnes qui grise et qui fait danser.

C'est au milieu de tout ce train que le troupeau gagne son gîte. Rien de charmant comme cette installation ! Les vieux béliers s'attendrissent en revoyant leur crèche. Les agneaux, les tout petits, ceux qui sont nés dans le voyage et n'ont jamais vu la ferme regardent autour d'eux avec étonnement.

Mais lè plus touchant encore, ce sont les chiens, ces braves chiens de berger, tout affairés après leurs bêtes et ne voyant qu'elles dans le mas. Le chien de garde a beau les appeler du fond de sa niche, le seau du puits tout plein d'eau fraîche a beau leur faire signe, ils ne veulent rien voir, rien entendre, avant que le bétail soit rentré, le gros loquet poussé sur la petite porte à claire-voie et les bergers attablés dans la salle basse.

Alors seulement ils consentent à gagner le chenil, et là, tout en lappant leur écuellée de soupe, ils racontent à leurs camarades de la ferme ce qu'ils ont fait là-haut dans la montagne, un pays noir où il y a des loups et de grandes digitales de pourpre pleines de rosée jusqu'aux bords.

Alphonse Daudet.

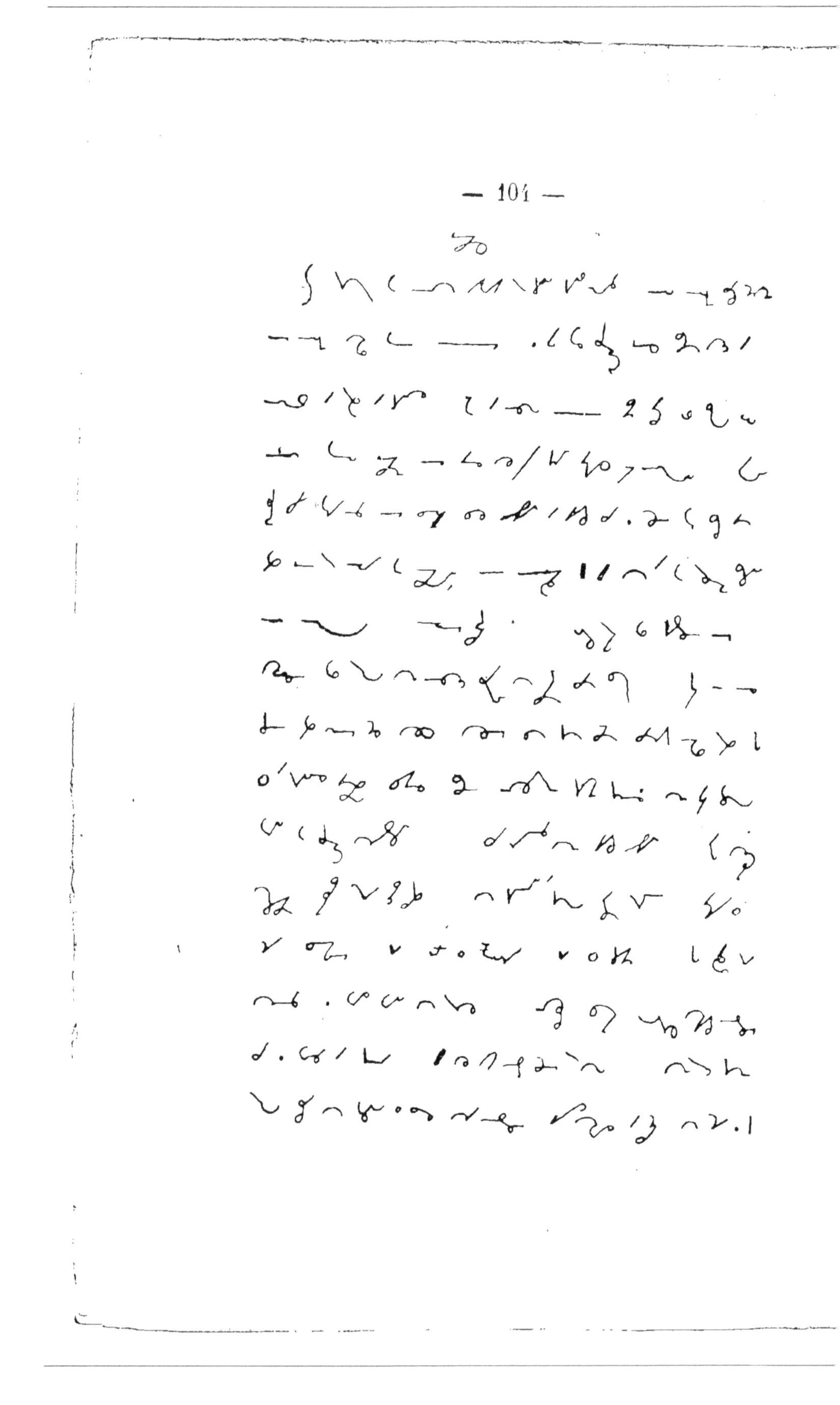

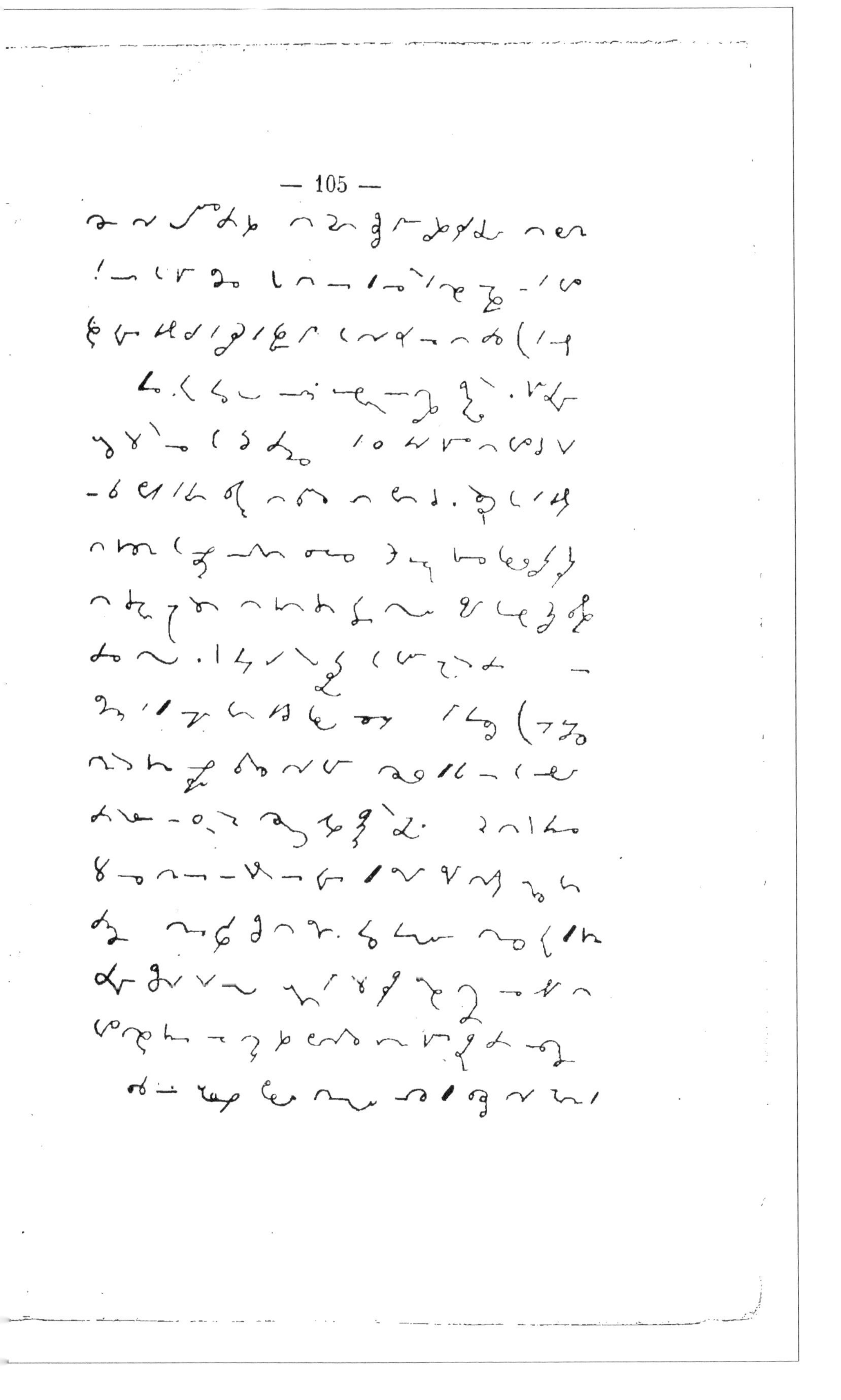

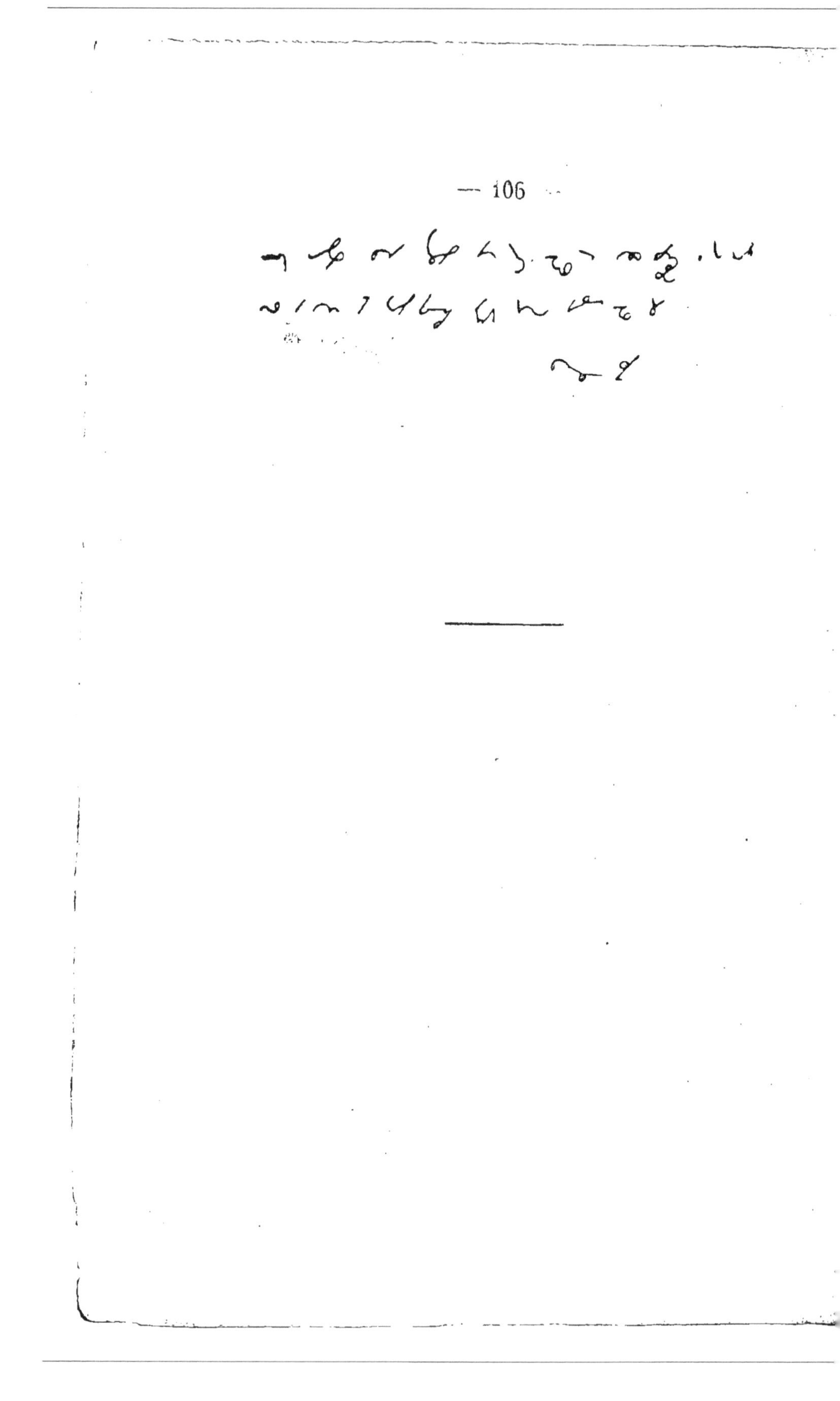

## VIII

### DERNIERS CONSEILS.

Conditions favorables à la rapidité. — Détails d'exécution. — Exercices. — Instructions générales sur l'application de la sténographie.

Il est certaines conditions matérielles qui favorisent ou retardent la rapidité du sténographe et que celui-ci ne doit pas négliger. Il y a, par exemple, avantage à écrire assis, sur une table ou sur un bureau disposé de telle sorte que l'on n'ait pas à se courber. Quelques praticiens *prennent* aussi prestement sur leurs genoux ou sur un cahier tenu à la main que sur un pupitre, mais c'est seulement à la suite de longs exercices qu'ils y sont parvenus.

On choisira un papier solide, assez fin et très-satiné, afin que la plume et la main glissent sans obstacle.

Il y a bénéfice à plier en deux la feuille sur laquelle on écrit; la main a un espace moins considérable à parcourir pour revenir à la marge, et les monogrammes enserrés dans des limites plus étroites ont moins de tendance à s'agrandir et à se déformer.

L'emploi du crayon, bien que possible, a certains inconvénients; il s'émousse rapidement, il y a perte de temps à le changer, à le tailler ; il n'est réellement utile que pour sténographier pendant un temps très-court; on lui préférera la plume métallique fine, et on fera usage d'une encre aussi limpide que possible. On écrit aussi vite avec la plume qu'avec le crayon, et la plume donne des caractères plus fins, mieux formés, d'une lecture plus facile et fatiguant moins la vue.

Il y a retard lorsqu'on est placé loin de l'orateur et que l'on perçoit difficilement les sons qu'il émet. L'esprit, hésitant, se fatigue à recomposer la phrase dont une partie lui a échappé et arrête l'exécution manuelle. On ne négligera donc pas de se placer aussi près qu'on pourra le faire de la personne dont on voudra reproduire la parole.

Outre les moyens déjà désignés pour se perfectionner dans l'étude de la sténographie, c'est-à-dire la correspondance avec des amis, la copie d'œuvres remarquables, il en est quelques autres non moins utiles.

On s'exercera, lorsque l'écriture sera tout à fait régulière, à transcrire un certain nombre de pages en lisant le plus vite possible dans un livre placé de telle sorte que les yeux ne le quittent pas, pendant que la main trace les signes ; on relira avec soin cette copie en rectifiant la forme des monogrammes irréguliers et les abréviations mal opérées.

On s'habituera enfin, avec l'aide d'une personne amie, à suivre une lecture de quelques minutes, d'abord très-lente, puis peu à peu plus rapide, en ayant toujours soin de relire ses notes, afin de corriger les fautes qu'on aura pu commettre.

Parfois, au début, certains signes paraîtront incompréhensibles ; on les abandonnera et l'on continuera la traduction ; presque toujours le sens de la phrase donnera le sens cherché. Cette hésitation disparaîtra du reste avec le temps.

Nous ajouterons que, pour devenir habile sténographe, il faut, et cela se conçoit, être secondé par d'heureuses dispositions et réunir trois qualités essentielles : ouïe fine, main leste, mémoire sûre. Une personne lente, écrivant difficilement, en retirera de grands avantages pour abréger ses travaux ou pour correspondre secrètement à distance, mais elle ne parviendra à suivre que les discours les plus lents et à écrire que 14 ou 15 lignes à la minute.

Un de nos praticiens les plus distingués, M. Hippolyte Prévost, a résumé sous ce titre : « Instructions générales sur l'application de la sténographie, indépendantes de la méthode suivie, » les diverses observations qu'il a pu faire pendant le cours d'une longue et brillante carrière, tant au *Moniteur*, où il est entré à la veille de 1830, qu'à la tête des services officiels de la chambre des pairs, de l'assemblée nationale et du sénat.

Nous croyons ne pouvoir mieux terminer ce cours qu'en rappelant ces instructions, que les sténographes ne doivent jamais cesser d'avoir présentes à l'esprit.

« Sans exagérer les conditions d'une bonne et utile application de l'art abréviateur à la parole oratoire, et tracer un idéal dont on chercherait peut-être en vain parmi nous des modèles plus ou moins accomplis, il ne faut pas se dissimuler que la reproduction d'un discours en général, politique, judiciaire ou religieux, exige chez le *notaire abréviateur* de précieuses qualités, nombreuses et variées, dont la complète réunion n'a jusqu'ici que bien rarement été offerte par les sujets les plus distingués des corps sténographiques officiels. Il faut, cela va sans dire, que le sténographe possède à fond toutes les ressources de l'art technique et pratique ; que sa main puisse non-seulement rivaliser de vitesse avec la parole même exceptionnelle de certains orateurs, qui débitent, dans un temps donné, le double de mots que ne comporte la juste et commune mesure, mais qu'elle soit capable, sans se laisser désarçonner, de maintenir, malgré les soubresauts du début, l'orateur capricieux dont les allures se modifient quelquefois à chaque transition d'idée, à chaque changement de phrase, à chaque incidence, à chaque parenthèse.

« Dans la plupart des cas, le sténographe est condamné à une double opération curieuse de l'esprit. Il écrit de souvenir, à plusieurs mots de distance de ceux qui frappent son oreille ; de sorte que la mémoire s'alimente chez lui, en même temps qu'elle déverse son trop-plein à la main chargée de fixer sur le papier ce qui lui est livré, à un intervalle sensible de temps entre l'entrée et la sortie.

« Il arrive aussi, pourquoi n'en pas faire l'aveu ? que la parole dépasse, dans sa rapide articulation, l'apogée de célérité graphique atteinte par la main la plus exercée. Le sténographe sent alors qu'il est distancé ; s'il s'obstine à retenir de mémoire et à écrire sans omission tous les mots de la première phrase, la seconde lui échappera en entier, et il ne se reprendra qu'à la suivante.

« Comment combler ensuite la lacune ? Il sera exposé au danger de se substituer pour les sutures à l'orateur lui-même, et d'opérer la liaison avec toutes les incertitudes du souvenir, en l'absence absolue de notes. Il y a, pour lui, un plus sûr parti à prendre, celui de faire un prompt calcul de proportion, et, au fur et à mesure du développement oratoire, de jeter résolûment par-dessus le pont le dixième, le huitième, le quart des mots excédant la limite de sa prestesse sténographique. Ce sacrifice d'une portion du texte, opérée presque instinctivement, suppose, de la part du sténographe, un aplomb imperturbable, un jugement rapide et sûr ! Il doit, au passage, choisir sans hésiter les parties du discours dont la prétérition est le plus aisément réparable, et ne saurait engendrer de confusion dans l'esprit du traducteur de la note réduite. C'est une élagation instantanée des tiges secondaires, qui ne pourra altérer ni la beauté d'ensemble de l'arbre, ni surtout tarir la séve qui le vivifie. En pareille occurrence c'est à dédoubler les verbes, les adjectifs qui se suivent sans ajouter sensiblement à l'expression, à omettre les prépositions, adverbes et autres petits vocables faciles à rétablir, etc., etc., que doit s'attacher le sténographe.

« Il lui faut conserver toute sa présence d'esprit pour bien apprécier le poids et la qualité du lest dont il allége sa barque toujours près de submerger. Le reste, s'il demeure maître de lui, se fera tout naturellement. Mais passons à des difficultés d'une nature différente et supérieure.

« Je suppose maintenant le traducteur en face d'une sténographie irréprochable d'exactitude. Pourra-t-il sans dommage pour la gloire, pour l'honneur, pour la considération de l'orateur, la reproduire mot à mot et la livrer telle quelle à l'impression ? Ce sera bien rare, et par exception seulement.

« La parole oratoire en général, la véritable et loyale improvisation surtout, résiste à une transcription juridiquement littérale. Il importe donc de faire sur la traduction sténographique un travail discret, mais incessant d'épuration. Ce travail consiste le plus souvent à reconstituer une phrase autant que possible avec ses éléments natifs eux-mêmes, mais mieux distribués, de façon que, grâce à sa correction, à la liberté de ses allures, la nouvelle version défie l'auditeur et au besoin l'auteur de surprendre les traces des retouches nombreuses subies par l'œuvre fruste tombée des lèvres de l'orateur.

« Cette opération réparatrice, toute de goût, de tact, de sentiment, à la fois de résolution et de prudence, exige avant tout du sténographe l'intelligence du sujet en discussion, sous peine pour lui de procéder avec timidité, lenteur, insuffisance, et partant avec des chances multiples d'insuccès.

« Ce n'est pas tout. Pour réussir dans cette œuvre délicate, entièrement d'initiative et d'effacement, le rédacteur sténographe doit se sentir les aptitudes spéciales, ce qu'on appelle le *tempérament* de la fonction. Mais, à côté d'une certaine confiance d'exécution, il lui faut essentiellement se pénétrer aussi de l'esprit le plus humble, de l'abnégation la plus sincère, se faire, autant que possible, la chair de la chair, l'os des os de l'orateur, se défendre de toute idée préconçue, ne jamais qu'à son corps défendant, et en présence d'une flagrante erreur, substituer sa pensée et sa forme, à la forme, à la pensée de l'orateur ; craindre de faire prévaloir son sentiment personnel dans l'appréciation ou la rectification même de certaines nuances de la traduction de la parole recueillie. La fin qu'il doit uniquement se proposer est de rendre la lecture du discours aussi coulante qu'en a été l'audition, et de faire en sorte que le lecteur partage les émotions, subisse les impressions de l'assemblée devant laquelle le discours a été prononcé. Voilà tout ; il est vrai que la tâche offre, comme cela, assez de difficultés.

« Le sténographe doit tendre à ne pas rester trop éloigné du but que nous venons de poser à ses efforts intelligents.

« On ne saurait tracer des règles précises au goût éclairé qui doit seul présider à cette transformation de la langue parlée en langue écrite ; mais il ne sera pas inutile d'essayer par des communications officieuses, d'initier les nouveaux venus à quelques-unes des observations qui sont, pour l'auteur, le résultat de plus de trente six ans d'application à ce genre de travaux. Ce sont là, en quelque sorte, les secrets du métier que, sur place, les feuillets à la main, je livre sans réserve, au sénat, à nos plus jeunes lieutenants, à ceux qui sont appelés à maintenir et à perpétuer les bonnes traditions professionnelles.

« Règle générale : que l'on tienne pour acquise cette vérité, que, de sa nature, l'improvisation est exubérante, qu'elle pèche par excès de développements, plutôt que par sobriété, et que c'est rendre service à l'orateur que de procéder, à son égard, par rognures, par réduction. Cela me rappelle le mot d'un écrivain dramatique célèbre, qui avait pour principe de pratiquer de larges incisions sur le premier jet de ses pièces : « tout ce qui est coupé n'est jamais sifflé. »

« Compléter la pensée d'autrui, surtout si l'on travaille sur la conception d'un homme fort en politique, en finances, en droit, en science, en littérature, c'est naviguer au milieu des écueils d'un archipel fertile en naufrages. Et pourtant il faut se résigner à tenter l'aventure, c'est-à-dire à combler, à ses risques et périls, les lacunes laissées dans l'expression spontanée de la pensée de l'orateur, s'il ne prend lui-même ce soin.

« En principe, ai-je dit, on peut, sans trop de scrupule, promener la serpe au milieu des buissons d'ordinaire trop touffus de l'improvisation, afin de dégager, de mettre en saillie, de clarifier l'exposition d'une idée, d'une proposition, d'un fait, d'une théorie. Le sténographe doit — pour sortir des généralités et aborder des indications pratiques — se défier des phrases ou membres de phrases débutant par des formules banales ; par exemple, *c'est... que...* ; la suppression de ces deux mots, presque toujours facile, allége, élucide, accélère la marche du discours. Ainsi : *c'est* l'homme *qui* propose, *c'est* Dieu *qui* dispose. Traduisez simplement : l'homme propose, Dieu dispose.

« Une chasse impitoyable doit être faite aux *eh bien! maintenant*, etc.; aux prépositions conjonctives, *car*, *puisque*, etc. ; il est mieux que les diverses parties du discours, ou simplement de la phrase, se tiennent entre elles par une déduction logique de la pensée, que par ces crochets disgracieux, par ces chevilles d'une inharmonieuse ligature grammaticale. Il ne faut pas se montrer moins inexorable aux *qui* et aux *que*, bien que, pour justifier l'abus de ce pronom relatif, on cite quelques beaux exemples tirés d'auteurs célèbres. Il y aurait également faute à ne pas dégager une phrase de parenthèses longues ou mal enchevêtrées, qui nuisent à sa clarté, sauf à reprendre la pensée qui a disparu avec la parenthèse, pour l'exprimer à la suite et dans une phrase nouvelle. La forme interrogative, si familière à l'orateur, trop souvent répétée, devient fatigante; il faut lui substituer la forme affirmative, toutes les fois que celle-ci, plus froide, ne contrarie pas trop le mouvement, l'animation du discours. On se trouve bien encore de couper en plusieurs phrases les périodes interminables dans lesquelles se laisse volontiers entraîner l'orateur, sous la préoccupation tyrannique de sa pensée. Si ces périodes étaient intentionnelles, taillées avec précaution et industrie dans le marbre ou le granit à la manière des périodes célèbres de Bossuet et de Cicéron, ce serait bien différent; le *maraud* n'ignore pas le respect qu'on doit aux dieux et aux œuvres de ceux qu'ils ont favorisés du don de la force, du génie. Mais nous sommes bien loin de compte; il n'y a pas à s'y méprendre; le sténographe est le plus souvent en présence de vraies négligences de forme, inséparables de la spontanéité de production de l'idée, portant aux antipodes des beautés littéraires de l'ordre que je viens de rappeler, et devant lesquelles il n'y aurait qu'à se courber, admirer et transcrire de son mieux.

« Je poursuis. Il est indispensable pour suppléer au geste et à l'intonation qui mettent tout à point dans le discours, d'accentuer une expression faible, d'affaiblir une expression excessive, de promener le sécateur sur chaque phrase, pour l'ébarber, la nettoyer de ses parasites; de courir sus aux accumulations de verbes ou d'adjectifs qui n'attestent pas toujours une progression logique ou une recherche euphonique, mais trahissent simplement l'hésitation, la poursuite laborieuse du mot vrai qui ne s'est pas présenté assez vite à l'improvisateur.

« Les *je crois, je pense, je suis d'avis, croyez-le bien!* etc., doivent en général être supprimés sans pitié ni miséricorde dans la plupart des cas; on ne dit que ce qu'on croit, ce qu'on pense, ce qui est son avis; on parle pour être cru. Chaque orateur a, je dirai, son lieu commun, sa manie en fait de locution. Celui-ci s'exclame avec force, en frappant la barre, la chaire ou la tribune de son poing crispé : « *Il est évident que..* » celui-là : « *Personne ne contestera que...* » etc., etc. Pourquoi ces successions de mots, creux, inutiles? Elles servent à donner du répit à l'orateur pour gagner à l'aide de ces *verbes* insignifiants, le temps de chercher, de trouver la pensée elle-même qui, à ce moment, est le plus souvent encore obscure, confuse, dans l'enfantement, tandis qu'il la proclame bruyamment *évidente, incontestable.* Cette phraséologie vide et sonore se prolonge autant qu'il est nécessaire pour construire de toutes pièces le raisonnement, la preuve, la démonstration encore à l'état de lueur à l'esprit en travail, sinon complétement absents. Au barreau, à la tribune, on rencontre de ces orateurs merveilleusement diserts, faconds, qui parlent à volonté pour ne rien dire; leurs discours gagneraient à être élagués sans scrupule, raccourcis sensiblement; cette abréviation profiterait à l'orateur et au lecteur..... »

« Je me résumerai en prévenant le sténographe dont le travail ne peut être soumis au contrôle de l'orateur, qu'il ne doit l'entreprendre qu'en s'inspirant des sentiments les plus dévoués à celui dont il devient le collaborateur obligé. Avec du mauvais vouloir, des préventions ou une intelligence étroite de ses devoirs, le traducteur peut devenir infidèle par trop d'exactitude, inexact à force de textualité, tourner en dérision l'homme éloquent par excellence, celui que la passion anime, possède, grandit, domine, le véritable, le grand, le seul orateur. »

BIBLIOTHÈQUE NATIONALE R.F. IMPRIMÉS

FIN.

# TABLE DES MATIÈRES.

PARIS. — IMPRIMERIE ADRIEN LE CLERE, RUE CASSETTE, 29.

# BIBLIOTHÈQUE DE L'ÉCHO DE LA SORBONNE

PARIS, 7, RUE GUÉNÉGAUD.

---

**La Physique et ses applications :** PESANTEUR (Notions de mécanique, chute des corps, centre de gravité, pendule, balance, équilibre des liquides, principe d'Archimède, aréomètres, baromètres, machine pneumatique, pompes, gravitation universelle), par M. *Pierre Bos*, agrégé ès-sciences physiques et naturelles, professeur au lycée de Metz. 1 vol. in-16, 492 pages, 161 vignettes. Br. 2 fr. 50 ; cart. classique, 2 fr. 80 ; cart. anglais, 3 fr. 50.

**Histoire des Beaux-Arts :** ART ANTIQUE (architecture, soulpture, peinture, art domestique), par M. *René Ménard*, avec un appendice sur la Musique chez les Anciens, par M. *G. Bertrand* (2me édition). 1 vol. in-16, de 308 pages. Ouvrage admis par la Commission des Bibliothèques scolaires, et médaillé par la Société pour l'instruction élémentaire.

*Broché* : 2 fr. ; cartonnage classique, 2 fr. 30 ; cartonnage anglais en toile pleine, très-élégant et très-solide, 3 fr.

**France** (géographie physique, politique, administrative, agricole, industrielle et commerciale de la France et de ses Colonies) ; par M. *Ch. Périgot*, professeur au lycée Saint-Louis. 336 pages, 14 cartes. Même format, mêmes prix. Médaille de la Société pour l'instruction élémentaire.

**Notions de Botanique,** par M. *C. de Montmahou*, professeur d'histoire naturelle à l'École municipale Turgot. 176 pages, 49 fig. Médaille de la Société pour l'instruction élémentaire. Br. 1 fr. 50 ; cart. classique, 1 fr. 80 ; cart. anglais, 2 fr. 50

**Cours de musique, théorique et pratique :** PRINCIPES ÉLÉMENTAIRES, par M. *Pierre Bos*, élève d'Émile Chevé. 416 pages. Br. 2 fr. 50 ; cart. classique, 2 fr. 80 ; cart. anglais, 3 fr. 50.

---

SOUS PRESSE : *Entretiens sur la langue française*, par M. *Hippolyte Cocheris*, conservateur à la Bibliothèque Mazarine ; *Histoire moderne*, par M. *J. Pinard*, professeur au lycée Bonaparte ; *Éléments de géométrie*, par M. *Salicis*, répétiteur à l'École polytechnique ; *etc.*

---

**L'Écho de la Sorbonne :** COURS COMPLET D'ENSEIGNEMENT SECONDAIRE EN TROIS ANNÉES. *Cours de première année*, 4 forts volumes à deux colonnes, 1,260 pages, 289 figures. Prix de chaque volume. 6 fr. — *Cours de seconde année*, 4 volumes, même format, même prix.

---

LAMARTINE, par M. *Émile Chasles*. Conférences faites les 9 et 16 mai 1869, dans les deux matinées littéraires données au théâtre de la Gaîté, par M. *Ballande*, en l'honneur de Lamartine. Brochure in-8 avec portrait et autographe. Prix : 1 fr.

L'ENSEIGNEMENT SECONDAIRE DES JEUNES FILLES EN SUISSE, par M. *Eugène Paringault*. Brochure in-16. Prix : 30 c.

---

**Études sur le siége de Paris :** L'ARTILLERIE, réponse au général Susane, par M. *Salicis*, capitaine de frégate. Brochure de 48 pages. Prix : 40 c.

---

*Envoi* franco *contre les prix en timbres-poste.*

Leçons particulières et cours de sténographie, par M. L. GUÉNIN. — S'adresser à librairie de l'*Écho de la Sorbonne*.



PARIS. — IMP. ADRIEN LE CLERE, RUE CASSETTE, 29.

www.ingramcontent.com/pod-product-compliance
Ingram Content Group UK Ltd.
Pitfield, Milton Keynes, MK11 3LW, UK
UKHW021107220726
13924UKWH00004B/1553